Rick Warren

# Wozu um alles in der Welt lebe ich?

Über den Autor

*Rick Warren* lebt mit seiner Familie in Kalifornien. Bekannt ist er als Gründer der *Saddleback Church*. Heute ist diese mit über 20 000 Gottesdienstbesuchern pro Woche eine der vielfältigsten und einflussreichsten Kirchen in den USA. Sein Buch »Leben mit Vision« hat seit seinem Erscheinen 2002 weltweit hohe Wellen geschlagen und ist heute das meistverkaufte Sachbuch der Welt. Auch in Deutschland wurden über 250 000 Exemplare verkauft.

Rick Warren

# Wozu um alles in der Welt lebe ich?

GerthMedien

# WOZU LEBE ICH ÜBERHAUPT?

*»Wenn du auf dein Geld vertraust, wirst du fallen*
*wie ein welkes Blatt im Herbst. Lebe so,*
*wie Gott es will,*
*dann wirst du aufblühen wie die Pflanzen*
*im Frühling!«*
Sprichwörter 11,28; Hoffnung für alle

*»Ich segne jeden, der mir ganz und gar vertraut.*
*Er ist wie ein Baum, der nah am Bach steht*
*und seine Wurzeln zum Wasser streckt:*
*Die Hitze fürchtet er nicht, denn seine Blätter*
*bleiben grün.*

*Auch wenn ein trockenes Jahr kommt,*
*sorgt er sich nicht,*
*sondern trägt Jahr für Jahr Frucht.«*
Jeremia 17,7–8; Hoffnung für alle

# ALLES FÄNGT MIT GOTT AN

*»Denn in ihm ist alles erschaffen worden, was im Himmel und auf Erden ist.* […] *Alles hat Gott durch ihn geschaffen und alles findet in ihm sein letztes Ziel.«*
Kolosser 1,16; Gute Nachricht

purposedriven.com/day1

*»Solange man nicht annimmt, dass es einen Gott gibt, bleibt die Frage nach dem Ziel des Lebens sinnlos.«*
Bertrand Russell, Philosoph und Atheist

Es geht nicht um Sie.

Es geht in Ihrem Leben um weitaus mehr als um Selbsterfüllung, persönliche Zufriedenheit oder Glück. Es geht um mehr als um Ihre Familie, Ihre Karriere oder Ihre kühnsten Träume und Vorstellungen. Wenn Sie wirklich wissen wollen, warum Sie sich auf diesem Planeten befinden, müssen Sie mit Gott anfangen. Denn Sie sind von ihm aus voller Absicht und für sein Ziel erschaffen worden.

Die Suche nach dem Sinn und Zweck des Lebens beschäftigt die Menschen seit Tausenden von Jahren.

Das liegt daran, dass wir normalerweise am falschen Ende anfangen – nämlich bei uns selbst. Wir stellen Fragen, in denen es um uns geht: Was will *ich* werden? Was soll *ich* aus meinem Leben machen? Wie sehen *meine* Ziele, *meine* Träume, *meine* Vorstellungen von der Zukunft aus? Aber solange wir nur um uns selbst kreisen, werden wir das Ziel unseres Lebens nie wirklich finden. Im Gegenteil, in der Bibel steht: »Alle Lebewesen hält er in der Hand, den Menschen gibt er ihren Atem« (Hiob 12,10; Hfa).

Im Gegensatz zu dem, was viele populäre Filme, Bücher und Seminare vertreten, werden Sie Sinn und Zweck Ihres Lebens nicht finden, indem Sie auf sich selbst schauen. Vermutlich haben Sie das auch schon versucht. Aber da Sie sich nicht selbst erschaffen haben, können Sie sich auch nicht sagen, wozu Sie erschaffen wurden! Wenn ich Ihnen eine Erfindung in die Hand drücken würde, die Sie vorher noch nie gesehen hätten, würden Sie Sinn und Zweck dieser Erfindung nicht verstehen. Und auch die Erfindung selbst könnte Ihnen dies nicht mitteilen. Nur der Erfinder oder eine Betriebsanleitung könnten Ihnen Sinn und Zweck erklären.

Solange wir uns nur auf uns selbst konzentrieren, werden wir das Ziel unseres Lebens nie wirklich finden.

Ich habe mich einmal in den Bergen verirrt. Als ich mich nach dem Weg zurück zu meinem Campingplatz erkundigte, entgegnete man mir: »Sie kommen da von hier aus nicht hin – Sie müssen auf der anderen Seite des Berges losgehen.« Genauso wenig können Sie das Ziel Ihres Lebens erreichen, wenn Sie sich nur auf sich konzentrieren. Sie müssen bei Gott anfangen, bei Ihrem Schöpfer. Sie existieren, weil Gott will, dass Sie existieren. Sie sind *von* Gott erschaffen und Sie sind *für* Gott erschaffen. Erst wenn Sie das verstehen, wird Ihr Leben Sinn ergeben. Nur bei Gott finden wir unseren Ursprung, unsere Identität, unseren Sinn, unsere Bedeutung und unser Ziel. Jeder andere Weg führt in eine Sackgasse.

Viele Menschen versuchen, Gott für ihre Selbstverwirklichung zu missbrauchen. Aber dies ist eine Umkehrung der Tatsachen und zum Scheitern verurteilt. Sie wurden für Gott geschaffen und nicht Gott für Sie. Leben bedeutet, sich von Gott für seine Ziele gebrauchen zu lassen, und nicht, Gott für Ihre eigenen Ziele zu missbrauchen. »Was unsere selbstsüchtige Natur will, führt zum Tod. Was der Geist Gottes will, führt zum Leben, zu Heil und Frieden« (Römer 8,6; GN).

Ich habe viele Bücher gelesen, die Hilfen anbieten, wie man Sinn und Zweck des Lebens finden kann. Alle gehören zu den sogenannten Selbsthilfebüchern, weil sie von einem ichbezogenen Standpunkt an das Thema herangehen. Solche Bücher, sogar die christlichen unter ihnen, bieten normalerweise alle die gleichen vorhersagbaren Schritte an: Denken Sie über Ihre Träume nach. Machen Sie sich bewusst, was Ihnen wirklich wichtig ist. Setzen Sie sich Ziele. Finden Sie heraus, wo Ihre Gaben liegen. Nehmen Sie sich viel vor. Lassen Sie sich durch nichts abbringen. Seien Sie diszipliniert. Glauben Sie daran, dass Sie es schaffen können. Beziehen Sie andere mit ein. Geben Sie niemals auf.

Diese Ratschläge führen natürlich oft zu großem Erfolg. Viele Ziele sind durchaus erreichbar, wenn man sich mit ganzem Einsatz darauf konzentriert. Aber erfolgreich zu sein und sinn- und zielorientiert zu leben sind zwei grundsätzlich verschiedene Dinge. Sie können alle Ihre persönlichen Ziele erreichen und nach menschlichen Maßstäben überaus erfolgreich sein und dennoch Gottes Sinn und Ziel für Ihr Leben verfehlen. Darauf weist die Bibel hin, wenn es im Matthäusevangelium heißt: »Wer sein Leben um jeden Preis erhalten will, der wird es verlieren, wer sein Leben aber für mich einsetzt, der wird es für immer gewinnen« (Matthäus 16,25; Hfa).

Dieses kleine Buch ist kein Selbsthilfebuch. Es geht nicht darum, Karriere zu machen, Ihre Träume zu erfüllen oder Ihr Leben zu planen. Es geht auch nicht darum, wie Sie noch mehr Aktivitäten in Ihrem ohnehin schon überfüllten Terminkalender unterbringen können. Es geht vielmehr darum, weniger zu tun – indem Sie sich auf die Dinge konzentrieren, die wirklich wichtig sind. Es geht darum, zu dem Menschen zu werden, als der *Gott* Sie ursprünglich erschaffen hat.

Wie aber findet man den Sinn und den Zweck, für den man geschaffen wurde? Sie haben nur zwei Möglichkeiten: Die eine Möglichkeit ist Spekulation. Diesen Weg wählen die meisten Menschen. Sie vermuten, sie raten, sie stellen Theorien auf, und wenn sie dann am Ende sagen: »Ich denke, der Sinn des Lebens ist …«, dann meinen sie eigentlich: »Das ist die beste Lösung, die ich gefunden habe.«

Seit Tausenden von Jahren denken brillante Philosophen über die Frage nach dem Sinn und dem Ziel des Lebens nach. Die Philosophie ist ein wichtiges Fach und hat ihre Berechtigung, aber bei der Frage nach dem Sinn des Lebens stellen auch die weisesten Philosophen nur Vermutungen an.

> Sie sind von Gott erschaffen und Sie sind für Gott erschaffen. Solange Sie das nicht verstehen, wird Ihr Leben niemals Sinn ergeben.

Dr. Hugh Moorhead, ein Philosophie-Professor an der *Northeastern Illinois University*, schrieb einmal die 250 bekanntesten und berühmtesten Wissenschaftler, Philosophen und Denker der Welt an und fragte sie nach ihrer Antwort auf die Frage nach dem Sinn des Lebens, die er dann in einem Buch veröffentlichte.[1] Einige schrieben ihm ihre Vermutungen in Bezug auf den Sinn des Lebens, andere gestanden, sich selbst einfach irgendeinen Sinn für ihr Leben gesucht zu haben, und wieder andere gaben zu, auf diese Frage keine Antwort zu haben. Einige dieser berühmten Intellektuellen baten Professor Moorhead sogar, ihnen den Sinn des Lebens mitzuteilen, falls er ihn fände.

Glücklicherweise gibt es eine Alternative zu der Möglichkeit, über den Sinn des Lebens reine Spekulationen anzustellen. Die Alternative heißt *Offenbarung*. Wir können uns anschauen, was Gott in seinem Wort zu dieser Frage zu sagen hat. Wenn man den Sinn einer Erfindung herausfinden will, dann besteht der einfachste Weg darin, den Erfinder selbst zu fragen. Das gilt auch in Bezug auf den Sinn unseres Lebens. Fragen Sie Gott!

Gott lässt uns in dieser Frage nicht im Regen stehen. Er zeigt uns in der Bibel ganz deutlich die fünf Ziele unseres Lebens auf. Die Bibel ist die Betriebsanleitung, die uns erklärt, warum wir leben, wie unser Leben funktioniert, was wir vermeiden sollten und was wir von der Zukunft erwarten können. Sie erklärt, was weder Selbsthilferatgeber noch Philosophen wissen können. In der Bibel steht: »Wir verkünden tiefsinnige Weisheit – für alle, die dafür reif sind. Aber das ist nicht die Weisheit dieser Welt.

[…] Vielmehr verkünden wir Gottes geheimnisvolle Weisheit, die bis jetzt verborgen war« (1. Korinther 2,6–7; GN).

Gott ist nicht nur der Ausgangspunkt Ihres Lebens, er ist auch die Quelle Ihres Lebens. Um Sinn und Zweck Ihres Lebens zu entdecken, müssen Sie sich Gottes Wort zuwenden und nicht den Weisheiten dieser Welt. Sie müssen Ihr Leben auf ewigen Wahrheiten aufbauen, nicht auf populärwissenschaftlicher Psychologie, Erfolgsphilosophie oder inspirierenden Geschichten. Paulus macht dies deutlich, wenn er schreibt: »Durch Christus haben wir Anteil bekommen an seinem Heil. Dazu hat Gott uns von Anfang an bestimmt, das war sein Plan und Wille für uns« (Epheser 1,11; GN). Dieser Vers enthält drei Einsichten über Sinn und Ziel Ihres Lebens:

Alles fängt mit Gott an

1. Sie finden Ihre Identität und den Sinn Ihres Lebens durch eine Beziehung zu Jesus Christus. Wenn Sie noch keine solche Beziehung zu ihm haben, werde ich später erklären, wie Sie eine eingehen können.

2. Gott hat über Sie nachgedacht, lange bevor Sie über ihn nachgedacht haben. Er hat Ihrem Leben einen tieferen Sinn gegeben – und zwar *ohne Sie vorher zu fragen*! –, noch bevor Sie angefangen haben zu existieren. Sie können sich Ihre Karriere aussuchen,

Ihren Ehepartner, Ihre Hobbys und viele andere Dinge in Ihrem Leben, aber Sie können sich nicht den Sinn Ihres Lebens aussuchen.

3. Der Sinn Ihres Lebens steht in einem viel größeren Zusammenhang, den Gott für die Ewigkeit geschaffen hat. Darum geht es in diesem Buch.

Andrei Bitow, ein russischer Autor, wuchs in einem atheistisch-kommunistischen Regime auf. Aber Gott lenkte seine Aufmerksamkeit an einem düsteren Tag auf sich. Bitow erinnert sich: »Ich war 27 Jahre alt und saß in der Leningrader U-Bahn (heute St. Petersburg). Ich war so verzweifelt, dass es schien, als hörte das Leben auf. Die Zukunft wurde leer, und alles verlor seinen Sinn. Plötzlich tauchte in meinen Gedanken ganz von selbst ein Satz auf: ›Ohne Gott macht das Leben keinen Sinn.‹ Während ich diesen Satz erstaunt wiederholte, kam ich aus meiner Dunkelheit heraus, verließ die U-Bahn und trat direkt in Gottes Licht!«[2]

Vielleicht haben Sie das Gefühl, dass Sie im Dunkeln stehen, wenn es um die Frage nach dem Sinn des Lebens geht. Herzlichen Glückwunsch, Sie sind auf dem Weg in Gottes wunderbares Licht.

## DENKANSTÖSSE

### EIN GEDANKE ZUM MITNEHMEN

Es geht nicht um mich.

### EIN VERS ZUM AUSWENDIGLERNEN

»Denn in ihm ist alles erschaffen worden, was im Himmel und auf Erden ist. Alles hat Gott durch ihn geschaffen, und alles findet in ihm sein letztes Ziel!«

Kolosser 1,16; Gute Nachricht

### EINE FRAGE ZUM NACHDENKEN

Wie kann ich mir bewusst machen, dass es in meinem Leben darum geht, für Gott zu leben und nicht für mich selbst, und das, wo die Werbung doch eine völlig gegensätzliche Botschaft verbreitet?

### EINE PREDIGT ZUM ANHÖREN

www.purposedriven.com/day1

# SIE SIND KEIN PRODUKT DES ZUFALLS

*»Ich habe dich geschaffen wie ein Kind im Mutterleib. Von Anfang an habe ich dir geholfen!«*
Jesaja 44,2; Hoffnung für alle

purposedriven.com/day2

*»Gott würfelt nicht.«*
Albert Einstein

Sie sind kein Produkt des Zufalls.

Ihre Geburt war weder ein Fehler noch ein Unfall und Ihr Leben ist auch nicht einfach nur eine Laune der Natur. Ihre Eltern mögen Sie vielleicht nicht geplant haben, aber Gott hat Sie gewollt. Er war nicht überrascht, als Sie geboren wurden. Er hat Sie erwartet.

Als Ihre Eltern noch nicht einmal an Sie gedacht hatten, da dachte Gott schon an Sie. Es ist nicht Schicksal oder Zufall, weder Glück noch Pech, dass Sie in diesem Moment atmen. Sie leben, weil Gott Sie erschaffen wollte. Gott hat jede Einzelheit Ihres Körpers festgelegt. Er hat Ihre Volkszugehörigkeit ausgewählt und Ihre Haut- und Haarfarbe und jedes andere Körpermerkmal ebenfalls. Er hat Ihren Körper genau so erschaffen, wie er es wollte. Er hat Ihre Begabungen und die Einzigartigkeit Ihrer Persönlichkeit bestimmt. Das meint der Psalmist, wenn er sagt: »Schon als ich im Verborgenen Gestalt annahm, unsichtbar noch, kunstvoll gebildet im Leib meiner Mutter, da war ich dir nicht verborgen. Als ich gerade erst entstand, da hast du mich schon gesehen« (Psalm 139,15–16; Hfa).

Weil Gott Sie mit einer bestimmten Absicht erschaffen hat, hat er auch entschieden, wann Sie geboren werden und wie lange Sie leben sollen. Er hat Ihr ganzes Leben im Voraus entworfen; er hat den Tag Ihrer Geburt und den Tag Ihres Todes festgelegt: »Alle Tage meines Lebens hast du in dein Buch geschrieben – noch bevor einer von ihnen begann« (Psalm 139,16; Hfa).

Gott hat auch im Voraus geplant, *wo* Sie geboren werden und wo Sie leben sollten, um seine Absicht erfüllen zu können. Ihre ethnische Zugehörigkeit und Ihre Nationalität sind kein Versehen. Gott hat kein Detail dem Zufall überlassen, sondern er hat alles mit Blick auf sein Ziel geplant. In der Bibel heißt es dazu: »Er hat den einen Menschen geschaffen, von dem alle Völker der Erde abstammen. Er hat auch bestimmt, wie lange und wo sie leben

> Als Ihre Eltern noch nicht einmal an Sie gedacht hatten, da dachte Gott schon an Sie.

sollen« (Apostelgeschichte 17,26; Hfa). Nichts in Ihrem Leben ist willkürlich, alles hat einen Sinn und ein Ziel.

Am erstaunlichsten ist, dass Gott auch entschieden hat, *wie* Sie geboren werden. Egal, wie die Umstände Ihrer Geburt waren oder wer Ihre Eltern sind, Gott hat sich etwas dabei gedacht, als er Sie erschaffen hat. Es ist egal, ob Ihre Eltern gut oder schlecht oder einfach nur mittelmäßig waren. Gott wusste, dass diese beiden Individuen *exakt* die passende genetische Zusammenstellung mitbrachten, mit der er das Modell »Sie« erschaffen konnte. Sie hatten die richtige DNA, aus der Gott Sie erschaffen konnte.

Es gibt zwar illegitime Eltern, aber keine illegitimen Kinder. Viele Kinder wurden zwar von ihren Eltern nicht geplant, aber sie wurden von Gott gewollt. Gott kann menschliche Irrtümer und sogar Sünde noch zum Guten wenden.

Gott tut nie etwas versehentlich, er macht keine Fehler. Alles, was er erschafft, erfüllt einen bestimmten Zweck. Jede Pflanze und jedes Tier sind von Gott geplant, und jeder einzelne Mensch wurde für einen ganz bestimmten Zweck kreiert. Gott schuf Sie aus reiner Liebe. Das meint Paulus, wenn er schreibt: »Schon vor Beginn der Welt, von allem Anfang an, hat Gott uns auserwählt. Wir sollten zu ihm gehören, befreit von aller Sünde und Schuld. […] Das hat Gott schon damals aus Liebe zu uns beschlossen« (Epheser 1,4–5; Hfa).

Gott dachte sogar schon vor der Erschaffung dieser Erde an Sie. Genauer gesagt, sind wir der Grund, warum er diese Erde überhaupt erschaffen hat. Gott hat dafür gesorgt, dass auf diesem Planeten Lebensbedingungen herrschen, die für Menschen optimal sind. Wir sind das Objekt seiner Liebe und seine wertvollste Schöpfung. In der Bibel heißt es: »Es war sein freier Wille, dass er uns durch das Wort der Wahrheit neues Leben geschenkt hat. So sollen wir der Anfang seiner neuen Schöpfung sein« (Jakobus 1,18; Hfa). Dies zeigt, wie sehr Gott Sie schätzt und liebt!

Gott tut auch nichts willkürlich; er hat alles mit großer Präzision geplant. Je mehr unsere Physiker, Biologen und andere Wissenschaftler über unser Universum erfahren, desto deutlicher wird, wie sehr es auf unsere Lebensbedürfnisse zugeschnitten wurde. Nur in diesem Zusammenspiel von Umweltbedingungen ist menschliches Leben überhaupt möglich.

Dr. Michael Denton, der Professor für Humanmolekular-Genetik an der Universität von Otago in Neuseeland war, kam zu folgendem Schluss: »Alle wissenschaftlichen Erkenntnisse im Bereich der Biologie stützen die These, dass […] dieser Kosmos so erschaffen ist, dass er Leben und besonders menschliches Leben ermöglicht. Alle seine Bestandteile und

Aspekte lassen sich durch dieses grundlegende Faktum erklären.«[3] Die Bibel offenbarte dies ein paar tausend Jahre früher auf ähnliche Art und Weise: »Gott hat diese Erde fest gegründet; und er hat sie nicht geschaffen, damit sie leer und öde sei, sondern damit seine Geschöpfe auf ihr wohnen können« (Jesaja 45,18; GN).

Warum hat Gott dies alles getan? Warum hat er sich die Mühe gemacht, für uns ein Universum zu erschaffen? Weil er ein Gott der Liebe ist. Diese Art von Liebe ist schwer zu erfassen, aber sie ist absolut verlässlich. Gott hat Sie erschaffen, damit er Sie lieben kann! Das ist die Wahrheit, auf die Sie Ihr Leben aufbauen können.

Die Bibel sagt uns: »Gott ist Liebe« (1. Johannes 4,8). Bei Johannes heißt es nicht: Gott *verspürt* Liebe. Er *ist* Liebe. Liebe ist der Grundwesenszug Gottes. Da in der Gemeinschaft von Vater, Sohn und Heiligem Geist die absolute Liebe herrscht, hatte Gott es nicht nötig, Sie zu erschaffen. Er war nicht einsam. Dennoch wollte Gott Sie erschaffen, um Ihnen seine Liebe schenken zu können. Gott sagt: »Seit eurer Geburt sorge ich für euch. Ich bleibe derselbe; ich werde euch tragen bis ins hohe Alter, bis ihr grau werdet. Ich, der Herr, habe es bisher getan und ich werde euch auch in Zukunft tragen und retten« (Jesaja 46,3–4; Hfa).

Sie sind kein Produkt des Zufalls.

Wenn es keinen Gott gäbe, wären wir alle »Unfälle«. Wir wären die Folge von astronomischen Zufallstreffern im Universum. Sie könnten aufhören, dieses Buch zu lesen, da Ihr Leben keinen Sinn, keine Bedeutung und kein Ziel hätte. Es gäbe kein Richtig oder Falsch und keine Hoffnung, die über Ihr kurzes Leben hinausginge.

Aber es *gibt* einen Gott, der Sie aus einem ganz bestimmten Grund geschaffen hat, und Ihr Leben hat sehr wohl einen tieferen Sinn! Wir kommen diesem Sinn aber nur dann auf die Spur, wenn wir Gott zum Mittelpunkt unseres Lebens machen. Im Römerbrief heißt es: »Lasst euch vielmehr von Gott umwandeln, damit euer ganzes Denken erneuert wird. Dann könnt ihr euch ein sicheres Urteil bilden, welches Verhalten dem Willen Gottes entspricht, und wisst in jedem einzelnen Fall, was gut und gottgefällig und vollkommen ist« (Römer 12,2; GN).

Das folgende Gedicht von Russel Kelfer fasst dies zusammen:

*Du bist, wer du bist, aus gutem Grund.*
*Du bist Teil eines einzigartigen Plans.*
*Du hast ein wertvolles, einmaliges Design.*
*Du bist Gottes ganz besonderer Mensch.*

*Dein Aussehen hat einen guten Grund.*
*Unser Gott macht keine Fehler.*
*Er hat dich geschaffen im Mutterleib.*
*Du bist genau so, wie er dich haben wollte.*

*Die Eltern, die du hattest, waren jene, die er wählte.*
*Und auch, wenn du es nicht verstehst,*
*Sie waren maßgeschneidert, um Gottes Plan für dich zu erfüllen,*
*Und sie tragen die Handschrift des Meisters.*

*Dein Schicksal, welches du erlitten hast, war nicht leicht.*
*Und Gott hat Tränen über deine Schmerzen vergossen.*
*Aber er ließ es zu, um dein Herz zu formen,*
*Sodass du in seiner Ebenbildlichkeit wachsen konntest.*

*Du bist, wer du bist, aus gutem Grund.*
*Du wurdest geschaffen von der Hand unseres Meisters.*
*Du bist, wer du bist, geliebt,*
*Denn es gibt einen Gott.*

## DENKANSTÖSSE

**EIN GEDANKE ZUM MITNEHMEN**

Ich bin kein Produkt des Zufalls.

**EIN VERS ZUM AUSWENDIGLERNEN**

»Ich habe dich geschaffen wie ein Kind im Mutterleib. Von Anfang an habe ich dir geholfen!«

Jesaja 44,2; Hoffnung für alle

**EINE FRAGE ZUM NACHDENKEN**

Auch wenn ich weiß, dass ich eine einzigartige Schöpfung Gottes bin: Fällt es mir schwer, bestimmte Persönlichkeitszüge, Familienverhältnisse oder Erscheinungsmerkmale anzunehmen?

**EINE PREDIGT ZUM ANHÖREN**

www.purposedriven.com/day2

# WAS TREIBT IHR LEBEN AN?

*»Nun weiß ich, warum die Menschen so hart arbeiten und so viel Erfolg haben. Sie tun es nur, um die anderen in den Schatten zu stellen.«*
Prediger 4,4; Hoffnung für alle

purposedriven.com/day3

*»Ein Mensch ohne Ziel in seinem Leben ist wie ein Schiff ohne Ruder – ein Heimatloser, ein Nichts, kaum ein Mensch zu nennen.«*
Thomas Carlyle

Jeder Mensch wird durch irgendetwas angetrieben.

Die meisten Lexika erklären das Verb »antreiben« mit »drängen, anregen, kontrollieren, Richtung geben«. Was ist die treibende Kraft in Ihrem Leben?

Im Augenblick werden Sie vielleicht von einem Problem, von Stress oder einem Abgabetermin getrieben. Vielleicht auch von einer schmerzlichen Erinnerung, einer quälenden Angst oder einer Ihnen nicht bewussten Überzeugung. Es gibt Hunderte von Lebensumständen, Werten und Gefühlen, die Ihr

Leben bestimmen können. Im Folgenden finden Sie die fünf häufigsten:

**Viele Menschen werden von Schuld getrieben.** Sie verbringen ihr gesamtes Leben damit, Dinge zu bedauern und ihre Scham zu verbergen. Von Schuld getriebene Menschen werden von ihren Erinnerungen beeinflusst. Sie erlauben ihrer Vergangenheit, ihre Zukunft zu kontrollieren. Sie bestrafen sich unbewusst oft selbst, indem sie ihren eigenen Erfolg sabotieren. Als Kain seinen Bruder Abel erschlug, trennte ihn seine Schuld von der Gegenwart Gottes, und Gott sagte: »Als heimatloser Flüchtling musst du auf der Erde umherirren« (1. Mose 4,12; GN). Das ist ein gutes Bild für viele Menschen – sie wandern ziellos durchs Leben.

Wir alle sind Produkte unserer Vergangenheit, aber wir müssen nicht ihre Gefangenen sein. Gottes Vorhaben werden nicht durch unsere Vergangenheit eingeschränkt. Er verwandelte einen Mörder namens Mose in einen vorbildlichen Anführer und einen Feigling namens Gideon in einen kühnen Helden. Und er kann auch ganz erstaunliche Dinge mit dem Rest Ihres Lebens machen. Gott ist ein Fachmann darin, Menschen einen Neuanfang zu schenken. In der Bibel heißt es dazu: »Freuen dürfen sich alle, denen der Herr die Schuld nicht anrechnet und deren Gewissen nicht mehr belastet ist« (Psalm 32,2; GN).

**Viele Menschen werden von Wut und Bitterkeit getrieben.** Sie halten an ihren Verletzungen fest und verarbeiten diese niemals. Statt ihren Schmerz loszulassen, indem sie dem anderen vergeben, grübeln sie immer wieder darüber nach. Manche Menschen fressen ihren Ärger in sich hinein, andere lassen ihm freien Lauf und explodieren regelrecht. Beide Reaktionen sind wenig hilfreich und auch alles andere als gesund.

Groll und Bitterkeit schaden Ihnen selbst viel mehr als der Person, gegen die sich beides richtet. Während die Menschen, die Sie verletzt haben, den Auslöser dafür vermutlich längst vergessen haben und einfach ihr Leben weiterleben, durchleben Sie selbst immer wieder die Vergangenheit.

Sie sollten aber eines wissen: Wer Sie in der Vergangenheit verletzt hat, kann Sie nur dann weiterhin und dauerhaft verletzen, wenn Sie durch Ihren Ärger an dem Schmerz festhalten. Ihre Vergangenheit ist Vergangenheit! Nichts wird sie verändern. Um Ihretwillen sollten Sie aus ihr lernen und sie dann loslassen. Die Bibel weist darauf hin: »Du bringst dich um mit deinem Aufbegehren, so sinnlos kann doch nur ein Dummkopf handeln« (Hiob 5,2; GN).

**Viele Menschen werden von Angst getrieben.** Diese Ängste können die Folge traumatischer Erfahrungen oder unrealistischer Erwartungen sein. Sie können durch Erfahrungen in der Kindheit und Jugend oder auch durch erbliche Veranlagung hervorgerufen werden. Aber gleichgültig, worauf diese Ängste auch zurückzuführen sind: Menschen, die sich von ihrer Furcht kontrollieren lassen, verpassen oft die Möglichkeiten, die das Leben ihnen eröffnet, weil sie Angst haben, etwas zu wagen. Deshalb bleiben sie immer auf der sicheren Seite, vermeiden Risiken und versuchen, den Status quo beizubehalten.

Angst ist ein Gefängnis, in das man sich selbst einsperrt. Und dieses Gefängnis verhindert, dass man zu dem Menschen wird, der man nach Gottes Plan sein soll. Sie müssen diese Angst unter allen Umständen mit den Waffen des Glaubens und der Liebe bekämpfen. In der Bibel steht: »Die Liebe kennt keine Angst. Wahre Liebe vertreibt die Angst. Wer Angst hat [...] bei dem hat die Liebe noch nicht ihr Ziel erreicht« (1. Johannes 4,18; GN).

**Viele Menschen werden von materiellen Wünschen getrieben.** Ihr Wunsch zu besitzen wird zu ihrem einzigen Lebensziel. Dieses Bedürfnis, immer mehr haben zu wollen, basiert auf der falschen Annahme, dass mehr Besitz auch glücklicher macht, dass man dadurch mehr Bedeutung erlangt und mehr Sicherheit, aber nichts davon ist wahr. Besitz macht nur *vorübergehend* glücklich. Da Gegenstände sich nicht verändern, langweilen sie uns früher oder später, und wir wollen immer neuere oder bessere Versionen von ihnen.

Es ist auch ein Mythos, dass ich umso bedeutender bin, je mehr ich besitze. Selbst-Wert und Netto-Wert sind nicht dasselbe. Ihr Wert wird nicht durch Ihre Wertgegenstände bestimmt. Gott sagt deutlich, dass die wichtigsten Dinge in Ihrem Leben gerade keine *Dinge* sind.

Der am häufigsten verbreitete Mythos über Geld ist, dass Geld Sicherheit schenkt. Das stimmt aber nicht. Reichtum kann durch eine Vielzahl unkontrollierbarer Faktoren schnell verloren gehen. Echte Sicherheit finden Sie nur in etwas, das Ihnen nie mehr genommen werden kann – in Ihrer Beziehung zu Gott.

**Viele Menschen werden von dem Bedürfnis nach Anerkennung getrieben.** Sie erlauben den Erwartungen von Eltern, Ehepartnern, Kindern, Lehrern oder Freunden, ihr Leben zu kontrollieren. Viele Erwachsene versuchen immer noch, die Anerkennung ihrer niemals zufriedenen Eltern zu bekommen. Andere lassen sich durch Gruppenzwänge bestimmen und machen sich ständig Sorgen darüber, was andere wohl denken. Leider geht man aber normalerweise in der Masse unter, wenn man der Masse folgt.

> Nichts ist wichtiger, als Gottes Ziele für Ihr Leben zu kennen, und nichts kann die Unkenntnis dieser Ziele aufwiegen.

Ich kenne nicht jeden Schlüssel zum Erfolg. Aber ich kenne einen Schlüssel zum Misserfolg: den Versuch, es jedem recht zu machen. Wenn man sich von den Meinungen anderer Menschen kontrollieren lässt, läuft man Gefahr, Gottes Ziel für das eigene Leben zu verpassen. Jesus wies darauf hin, als er sagte: »Niemand kann gleichzeitig zwei Herren dienen« (Matthäus 6,24; Hfa).

Es gibt noch andere Faktoren, durch die das Leben in einer Sackgasse enden kann: ungenutztes Potenzial, unnötiger Stress und ein unerfülltes Leben.

Dieses kleine Buch wird Ihnen die fünf Ziele zeigen, für die Sie erschaffen wurden. Aber zuerst wollen wir uns einmal einige der Vorteile eines sinn- und zielorientierten Lebens anschauen

## DIE VORTEILE EINES SINN- UND ZIELORIENTIERTEN LEBENS

Ein sinn- und zielorientiertes Leben bietet fünf große Vorteile:

**1. Wenn Sie das Ziel Ihres Lebens kennen, gibt das Ihrem Leben einen Sinn.** Als wir erschaffen wurden, wurden uns auch Sinn und Ziel mit auf den Weg gegeben. Aus diesem Grund probieren Menschen zweifelhafte Methoden wie Astrologie oder Parapsychologie aus, um beidem auf die Spur zu kommen. Wenn das Leben einen Sinn hat, kann man fast alles aushalten – ohne Sinn wird alles schnell unerträglich.

Ein junger Mann in den Zwanzigern schrieb Folgendes: »Ich komme mir wie ein Versager vor, weil ich versuche, *jemand* zu werden, und selbst noch nicht einmal genau weiß, wer oder was dieser Jemand ist. Eigentlich wurstele ich mich irgendwie nur so durch. Wenn ich irgendwann mein Ziel erkenne, werde ich endlich das Gefühl haben, dass mein Leben beginnt.«

Was treibt Ihr Leben an?

Ohne Gott hat das Leben kein Ziel, und ohne Ziel ist das Leben belanglos, oberflächlich und sinnlos. Ohne Sinn ist das Leben ohne Bedeutung und ohne Hoffnung. In der Bibel haben viele Menschen dieser Hoffnungslosigkeit Ausdruck verliehen. So sagt der Prophet Jesaja: »Vergeblich habe ich mich abgemüht, für nichts und wieder nichts habe ich meine Kraft vergeudet« (Jesaja 49,4; Hfa). Hiob erklärt: »Ganz ohne Hoffnung schwinden meine Tage« (Hiob 7,6; GN). Und: »Ich bin es satt, ich mag nicht weiter kämpfen. Mein ganzes Leben ist doch ohne Sinn« (Hiob 7,16; GN). Die größte Tragödie im Leben ist nicht der Tod, sondern ein Leben ohne Sinn und Ziel.

Hoffnung ist für uns so lebenswichtig wie Wasser und Luft. Wir brauchen Hoffnung, um mit unserem Leben zurechtzukommen. Der Chirurg und Kinderarzt Dr. Bernie Siegel fand heraus, dass er mit großer Sicherheit die Überlebenschance seiner Krebspatienten vorhersagen konnte, indem er sie fragte, ob sie 100 Jahre alt werden wollten. Diejenigen, die eine feste Vorstellung vom Sinn und Ziel ihres Lebens hatten, bejahten diese Frage, und die Wahrscheinlichkeit, dass sie überlebten, lag um ein Vielfaches höher als bei den Patienten, die diese Frage verneinten. Hoffnung entsteht dadurch, dass das eigene Leben Ziel und Sinn hat.

Kennen Sie das Gefühl der Hoffnungslosigkeit? Dann habe ich eine gute Nachricht für Sie. Wundervolle Veränderungen werden eintreten, wenn Sie anfangen, sinn- und zielgerichtet zu leben. Gott sagt: »Denn ich allein weiß, was ich mit euch vorhabe: Ich, der Herr, werde euch Frieden schenken und euch aus dem Leid befreien. Ich gebe euch wieder Zukunft und Hoffnung« (Jeremia 29,11; Hfa). Vielleicht haben Sie das Gefühl, dass Sie vor unüberwindbaren Hindernissen stehen; die Bibel sagt dazu: »Gott aber kann viel mehr tun, als wir von ihm erbitten oder uns auch nur vorstellen können. So groß ist die Kraft, die in uns wirkt« (Epheser 3,20; Hfa).

**2. Wenn Sie das Ziel Ihres Lebens kennen, vereinfacht das Ihr Leben.** Es legt nämlich fest, was Sie tun und was Sie lassen. Ihr Ziel wird der Maßstab, der bestimmt, was wichtig ist und was nicht. Sie fragen einfach: »Trägt dies dazu bei, dass sich Gottes liebevolle Pläne für mein Leben erfüllen?«

Wenn Sie jedoch kein klares Ziel haben, haben Sie auch keine Grundlage, auf der Sie Ihre Entscheidungen fällen, Ihre Zeit einteilen oder Ihre vorhandenen Mittel und Möglichkeiten einsetzen können. Sie werden dann vermutlich Ihre Entscheidungen aufgrund der Umstände, des Drucks von außen und Ihrer derzeitigen Stimmung fällen. Menschen, die ihr Ziel und ihren Auftrag nicht kennen, laufen Gefahr, zu viel tun zu wollen – und das führt zu Stress, Erschöpfung und Konflikten.

Es ist unmöglich, alles zu tun, was andere von Ihnen erwarten. Sie haben gerade genügend Zeit, das zu tun, was Gott von Ihnen möchte. Wenn Sie nicht alles schaffen, was Sie schaffen wollen, dann ist das ein Zeichen dafür, dass Sie mehr tun wollen, als Gott von Ihnen erwartet (oder möglicherweise auch ein Zeichen dafür, dass Sie zu viel Zeit vor dem Fernseher verbringen). Ein sinn- und zielorientiertes Leben führt zu einem einfacheren Lebensstil und zu einer gesünderen Zeiteinteilung. Zudem führt es zu innerem Frieden: »Herr, du gibst Frieden dem, der sich an dich hält und dir allein vertraut« (Jesaja 26,3; Hfa).

**3. Wenn Sie das Ziel Ihres Lebens kennen, gibt das Ihrem Leben eine klare Richtung.** Sie können dann Ihre Kräfte und Ihren Einsatz auf das konzentrieren, was wirklich wichtig ist. Sie werden effektiv, indem Sie selektiv handeln.

Es liegt in der Natur des Menschen, sich von Kleinigkeiten ablenken zu lassen. Wir spielen *Trivial Pursuit* mit unserem Leben. Der Philosoph Henry David Thoreau schrieb, dass viele Menschen »in stiller Verzweiflung« leben. Heute könnte man treffender den Begriff der »ziellosen Ablenkung« wählen. Viele Menschen leben so, als seien sie in einem Laufrad gefangen: Sie bewegen sich in einem irren Tempo und kommen trotzdem nirgendwo hin.

Wenn Sie jedoch kein klares Ziel haben, ändern Sie immer wieder Ihre Richtung, Ihren Beruf, Ihre Beziehungen, Ihr geistliches Leben oder andere äußere Faktoren und hoffen, dass jede Richtungsänderung dem Gefühl der Verwirrung ein Ende setzen und die Leere in Ihrem Herzen füllen wird. Vielleicht denken Sie, dass es diesmal anders sein wird, aber wieder lösen Sie nicht Ihr eigentliches Problem – das Fehlen eines klaren Zieles.

Die Kraft, die in der Konzentration auf ein Ziel liegt, lässt sich am Beispiel des Lichts verdeutlichen. Indirektes Licht hat nur wenig Kraft oder Wirkung; man kann seine Energie aber konzentrieren, indem man es bündelt. Mit einem Vergrößerungsglas lassen sich Sonnenstrahlen so bündeln, dass sie Gras oder Papier entzünden. Und wenn man Licht noch weiter bündelt, schneidet es als Laserstrahl sogar durch dicken Stahl.

Nichts ist so kraftvoll wie ein sinn- und zielorientiertes Leben. Die Frauen und Männer, die den größten Einfluss auf die Menschheit hatten, konzentrierten sich sehr stark auf ihre Ziele. So konnte der Apostel Paulus das Evangelium fast im Alleingang im gesamten Römischen Reich verbreiten. Sein Geheimnis war die Ausrichtung auf sein Ziel. Er sagte: »Eines steht fest: Ich vergesse, was hinter mir liegt. Ich konzentriere mich nur noch auf das vor mir liegende Ziel« (Philipper 3,13; Hfa).

Wenn Sie wollen, dass Ihr Leben etwas bewirkt, dann *konzentrieren Sie sich auf Ihr Ziel.* Hören Sie auf, auf allen Hochzeiten tanzen zu wollen. Tun Sie weniger. Lassen Sie auch Dinge weg, die an sich gut sind, und konzentrieren Sie sich nur auf das wirklich Wichtige. Verwechseln Sie niemals Aktivität mit Produktivität. Man kann viel tun, ohne dabei zum Ziel zu kommen, aber welchen Sinn macht das?

**4. Wenn Sie das Ziel Ihres Lebens kennen, spornt Sie das an.** Ein klares Ziel ruft immer Begeisterung hervor. Nichts schenkt uns so viel Energie wie ein klares Ziel. Auf der anderen Seite versickert Energie sehr schnell, wenn man kein Ziel vor Augen hat.

Schon allein das morgendliche Aufstehen wird dann zur unüberwindlichen Aufgabe. Es ist normalerweise sinnlose Arbeit und nicht die Menge an Arbeit, die uns die Kraft nimmt und uns die Freude raubt.

Der irische Schriftsteller George Bernard Shaw schrieb: »Darin liegt die wahre Freude im Leben, gebraucht zu werden für einen Zweck und ein Ziel, das von mir selbst als ein Großes angesehen wird, eine Naturgewalt zu sein, anstatt ein hektischer, selbstsüchtiger, kleiner Klumpen von Wehwehchen und Beschwerden, der darüber jammert, dass die Welt es sich nicht zum einzigen Daseinszweck erkoren hat, ihn glücklich zu machen.«

**5. Wenn Sie das Ziel Ihres Lebens kennen, bereitet Sie das auf die Ewigkeit vor.** Viele Menschen strengen sich wirklich an, in dieser Welt ein bleibendes Vermächtnis zu hinterlassen. Sie wollen, dass man sich an sie erinnert, wenn sie einmal nicht mehr da sind. Aber entscheidend ist nicht, was andere einmal über Sie sagen werden, sondern was Gott über Sie sagen wird. Menschen übersehen so leicht, dass alle Leistungen irgendwann übertroffen und alle Rekorde gebrochen werden, aller Ruhm schwindet und alle Anerkennung vergessen sein wird. James Dobson, der bekannte Familientherapeut, hatte im College ein ehrgeiziges Ziel: Er wollte für sein College die Tennismeisterschaften gewinnen. Und er war überstolz, als er seinen Pokal in den Trophäenschrank des Colleges stellen konnte. Jahre später bekam er seinen Pokal mit der Post zugesandt. Man hatte ihn nach der Renovierung des Colleges im Müll gefunden. James Dobson sagte dazu: »Wenn nur genügend Zeit vergeht, werden alle Pokale von irgendjemand anderem in den Müll geworfen.«

Wenn man sich nur darauf konzentriert, ein Vermächtnis zu hinterlassen, ist das ein kurzsichtiges Ziel. Es ist weiser, ein Vermächtnis *für die Ewigkeit* zu schaffen. Sie wurden nicht auf diese Welt gebracht, damit man Sie nie wieder vergisst. Sie wurden hierhergebracht, damit Sie sich auf die Ewigkeit vorbereiten.

Eines Tages werden Sie vor Gott stehen. Er wird Sie nach Ihrem Leben fragen und Sie quasi einem Abschlussexamen unterziehen, bevor Sie Zugang zur Ewigkeit erhalten: »Wir werden einmal alle vor Gott stehen und von ihm gerichtet werden« (Römer 14,10; GN). Glücklicherweise hat Gott großes Interesse daran, dass wir an diesem Tag bestehen können. Deshalb gibt er uns die Prüfungsfragen schon im Voraus. Wir können davon ausgehen, dass die beiden entscheidenden Fragen folgendermaßen lauten werden:

Die erste Frage lautet: *»Was hast du mit meinem Sohn, Jesus Christus, gemacht?«* Gott wird uns nicht nach unserem religiösen Hintergrund oder unserer Haltung zu bestimmten Lehrmeinungen fragen.

Die entscheidende Frage lautet: Haben Sie für sich in Anspruch genommen, was Jesus Christus für Sie getan hat, und haben Sie gelernt, in einer von Liebe und Vertrauen geprägten Beziehung mit Christus zu leben? Jesus sagt: »Ich bin der Weg und die Wahrheit und das Leben, niemand kommt zum Vater, denn durch mich« (Johannes 14,6; LÜ).

Die zweite Frage lautet: *»Was hast du mit dem gemacht, was ich dir gegeben habe?«* Was haben Sie mit Ihrem Leben gemacht – mit den Gaben und Talenten, mit den Möglichkeiten und Chancen, mit den Menschen, die Gott an Ihre Seite gestellt hat? Haben Sie sie für sich selbst genutzt, oder haben Sie sie genutzt, um Gottes Ziel für Sie zu erreichen?

Sie auf diese beiden Fragen vorzubereiten ist das Ziel dieses Buches. Die Antwort auf die erste Frage legt fest, *wo* Sie die Ewigkeit verbringen. Die Antwort auf die zweite Frage bestimmt, *wie* Sie die Ewigkeit verbringen. Am Ende dieses Buches werden Sie in der Lage sein, diese beiden Fragen zu beantworten.

## DENKANSTÖSSE

**EIN GEDANKE ZUM MITNEHMEN**

Ein sinn- und zielorientiertes Leben ist der Weg zu innerem Frieden.

**EIN VERS ZUM AUSWENDIGLERNEN**

»Herr, du gibst Frieden dem, der sich an dich hält und dir allein vertraut!«
Jesaja 26,3; Hoffnung für alle

**EINE FRAGE ZUM NACHDENKEN**

Was würden meine Familie und meine Freunde auf die Frage antworten, was mein Leben bestimmt? Was sollten meiner Meinung nach meine Ziele sein?

**EINE PREDIGT ZUM ANHÖREN**

www.purposedriven.com/day3

# GESCHAFFEN FÜR DIE EWIGKEIT

*»Gott hat alles gut gemacht,
auch hat er die Ewigkeit
in des Menschen Herz gelegt.«*
Prediger 3,11; Luther

purposedriven.com/day4

*»Gott hätte sicherlich solch ein Wesen wie
den Menschen nicht nur für einen Tag
geschaffen. Nein, der Mensch ist für die
Unsterblichkeit geschaffen.«*
Abraham Lincoln

Dieses Leben ist nicht alles.

Das Leben auf der Erde ist nur die Generalprobe für die eigentliche Aufführung. Sie werden weitaus mehr Zeit auf der anderen Seite des Todes – in der Ewigkeit – verbringen als in dieser Welt. Die Erde ist die Vorschule, die Probevorstellung für das Leben in der Ewigkeit. Es ist das Training vor dem eigentlichen Spiel, die Aufwärmrunde, bevor das Rennen beginnt. Dieses Leben ist die Vorbereitung für das nächste.

Bestenfalls verbringen Sie 100 Jahre auf dieser Erde, aber Sie werden unendlich viel Zeit in der

Ewigkeit verbringen. Ihre Zeit auf dieser Erde ist, wie der britische Schriftsteller Sir Thomas Browne es formulierte, »nichts anderes als ein kleiner Einschub in der Ewigkeit«. Sie sind dafür geschaffen, in Ewigkeit zu leben.

In der Bibel heißt es: »Gott hat alles gut gemacht, auch hat er die Ewigkeit in des Menschen Herz gelegt« (Prediger 3,11; LÜ). Sie haben einen angeborenen Instinkt, der sich nach Unsterblichkeit sehnt. Das hängt damit zusammen, dass Gott Sie nach seinem Ebenbild geschaffen hat, geschaffen für ein Leben in Ewigkeit. Obwohl wir wissen, dass jeder von uns einmal sterben wird, kommt uns der Tod immer wieder unnatürlich und unfair vor. Wir haben das Gefühl, dass wir für immer leben sollten, weil Gott unser Gehirn mit der Sehnsucht danach ausgestattet hat.

Eines Tages wird unser Herz aufhören zu schlagen. Das wird das Ende Ihres Körpers und Ihrer Zeit auf dieser Erde sein, aber nicht das Ende für Sie. Ihr irdischer Leib ist nur eine vorübergehende Wohnung für Ihre Seele. Die Bibel nennt unseren Körper eine »Hütte«, aber sie nennt unseren himmlischen Körper ein »Haus«: »Denn wir wissen: Wenn unser Leib einmal zerfallen wird wie eine baufällige Hütte, werden wir einen neuen Leib erhalten, ein festes Haus, das nicht von Menschen errichtet ist. Gott hält es im Himmel für uns bereit – ein Haus, das ewig bleibt« (2. Korinther 5,1; Hfa).

Während uns das Leben auf der Erde viele Wahlmöglichkeiten bietet, bleiben uns in der Ewigkeit nur zwei Alternativen: Himmel oder Hölle. Die Beziehung, die Sie hier auf der Erde zu Gott leben, wird auch die Beziehung bestimmen, die Sie in der Ewigkeit zu Gott haben. Wenn Sie Jesus Christus, Gottes Sohn, hier kennen und lieben lernen, dann sind Sie auch eingeladen, den Rest der Ewigkeit mit ihm zu verbringen. Wenn Sie aber Gottes Liebe, seine Vergebung und seine Erlösung ablehnen, werden Sie auch die Ewigkeit fern von Gott verbringen.

C. S. Lewis sagte: »Es gibt letzten Endes nur zwei Arten von Menschen: diejenigen, die zu Gott sagen: ›Dein Wille geschehe‹, und diejenigen, zu denen Gott am Ende sagt: ›*Dein* Wille geschehe!‹« Tragischerweise werden viele die Ewigkeit ohne Gott verbringen müssen, weil sie sich auch hier auf der Erde dafür entschieden haben, ohne Gott zu leben.

Wenn Sie wirklich verstehen, dass es mehr als das Hier und Jetzt gibt und dass dieses Leben nur die Vorbereitung auf die Ewigkeit ist, werden Sie anders leben. Sie werden anfangen, *im Licht der Ewigkeit zu leben.* Dies beeinflusst Ihren Umgang mit Beziehungen, mit Aufgaben und Lebensumständen. Auf einmal erscheinen Ihnen viele Aktivitäten, Ziele und sogar Probleme, die vorher ach so wichtig waren, trivial und belanglos

**Dieses Leben ist die Vorbereitung für das nächste.**

und sind es nicht mehr wert, dass Sie ihnen Ihre Aufmerksamkeit schenken. Je enger Ihre Beziehung zu Gott ist, desto kleiner und unwichtiger werden alle anderen Dinge.

Wenn Sie Ihr Leben in dem Bewusstsein führen, dass Sie die Ewigkeit erwartet, verändern sich auch Ihre Werte. Sie werden Ihre Zeit und Ihr Geld sinnvoller nutzen. Sie werden mehr Wert auf Beziehungen und auf Charakter und weniger Wert auf Geld und Ansehen legen. Ihre Prioritäten werden neu geordnet. Immer den aktuellen Trends, Moden und den Werten hinterherzulaufen, die gerade »in« sind, ist plötzlich nicht mehr so wichtig. Paulus beschrieb dies in seinem Brief an die Philipper: »Aber seit ich Christus kenne, ist das alles für mich ein großer Verlust, was mir vorher als großer Gewinn erschien« (Philipper 3,7; Hfa).

Wenn Sie Ihr Leben in dem Bewusstsein führen, dass Sie die Ewigkeit erwartet, verändern sich auch Ihre Werte.

Wenn Ihre Zeit auf der Erde alles wäre, was Sie zu erwarten haben, würde ich Ihnen raten, Ihr Leben sofort bis zum Letzten auszukosten. Sie könnten getrost vergessen, gut und ethisch zu handeln, und bräuchten sich nicht um die Konsequenzen Ihres Handelns zu sorgen. Sie könnten Ihrem Egoismus völlig nachgeben, da Ihr Handeln keine Spätfolgen hätte. Aber, *und das ändert alles,* der Tod ist nicht das Ende, sondern der Übergang in die Ewigkeit. Alles, was wir in unserem Leben tun, bringt eine Saite in der Ewigkeit zum Klingen.

Der negativste Aspekt des modernen Lebensstils ist die Neigung zu kurzsichtigem Denken. Um das Beste aus Ihrem Leben zu machen, müssen Sie immer die Ewigkeit im Blick behalten. Ihr Leben ist einfach mehr als das Hier und Jetzt. Das Heute ist nur die sichtbare Spitze des Eisberges; die Ewigkeit liegt unter der Wasseroberfläche verborgen.

Wie wird die Ewigkeit sein, die wir bei Gott erleben werden? Ehrlich gesagt ist unser Gehirn nicht in der Lage, die Wunder und die Großartigkeit des Himmels zu erfassen. Genauso gut könnten wir versuchen, einer Ameise das Internet zu erklären. Es wäre sinnlos. Es gibt keine Worte, die auch nur annähernd die Ewigkeit Gottes beschreiben könnten. In der Bibel steht: »Was kein Auge gesehen und kein Ohr gehört hat, worauf kein Mensch jemals gekommen ist, das hält Gott für die bereit, die ihn lieben« (1. Korinther 2,9; GN).

Gott gibt uns in seinem Wort einen kleinen Einblick in die Ewigkeit. Wir wissen, dass er in diesem Moment dabei ist, für uns ein Zuhause für die Ewigkeit vorzubereiten. Im Himmel werden wir wieder mit all jenen vereint sein, die uns am Herzen liegen und die an Jesus Christus geglaubt haben. Es wird kein Leid und keine Tränen mehr geben, wir werden für unsere Treue auf der Erde belohnt werden und Aufgaben erfüllen, die uns wirklich Spaß machen. Wir *werden nicht* auf Wolken herumliegen, Heiligenscheine tragen und Harfe spielen! Wir werden die ununterbrochene Gemeinschaft mit Gott genießen, und er wird seine unendliche Freude an uns haben. Eines Tages wird Christus zu uns sagen: »Kommt her, euch hat mein Vater gesegnet! Nehmt das Reich Gottes in Besitz, das er seit Erschaffung der Welt für euch als Erbe bereithält« (Matthäus 25,34; Hfa).

C. S. Lewis hat das Wesen der Ewigkeit verstanden und beschreibt es auf den letzten Seiten seiner »Chroniken von Narnia«, einer aus sieben Büchern bestehenden Romanreihe für Kinder: »Hier endet für uns diese Geschichte. [...] Für sie in Narnia aber war es nur der Anfang der wahren Geschichte. Ihr ganzes Leben in dieser irdischen Welt und alle ihre Abenteuer in Narnia waren nur der Umschlag und das Titelblatt gewesen. Nun erst begannen sie das erste Kapitel der großen Geschichte, die noch keiner auf Erden gelesen hat, der Geschichte, die ewig weitergeht und in der jedes Kapitel besser ist als das vorangegangene.«[4]

Geschaffen für die Ewigkeit.

Gott hat ein Ziel für Ihr Leben auf dieser Erde, aber es endet nicht auf dieser Erde. Sein Plan umfasst mehr als nur die wenigen Jahrzehnte, die Sie auf diesem Planeten verbringen. Es geht um mehr als »die Chance Ihres Lebens«; Gott bietet Ihnen eine Chance an, die weit über Ihr Leben hinausgeht: »Doch was er sich vorgenommen hat, das tut er; seine Pläne sind gültig für alle Zeit« (Psalm 33,11; Hfa).

Die meisten Menschen denken nur bei Beerdigungen an die Ewigkeit. Und dann ist dieses Nachdenken oft oberflächlich, sentimental und nicht auf Fakten gegründet. Vielleicht haben Sie das Gefühl, dass es krank ist, über den Tod nachzudenken, aber im Grunde ist es äußerst ungesund, so zu leben, als gäbe es den Tod nicht, und nicht über das Unausweichliche nachzudenken.[5] Nur ein Narr bereitet sich nicht auf das vor, was uns alle einmal treffen wird. Sie sollten deshalb lieber *mehr* statt weniger über die Ewigkeit nachdenken.

Genauso wie die neun Monate, die Sie im Bauch Ihrer Mutter zugebracht haben, eine Vorbereitung auf das Leben waren, ist auch das Leben, das Sie auf dieser Erde zubringen, eine Vorbereitung auf das nächste. Wenn Sie durch Jesus Christus eine Beziehung zu Gott haben, dann brauchen Sie keine Angst vor dem Tod zu haben. Jesus ist die Tür zur Ewigkeit. Es wird die letzte Stunde Ihres Lebens auf dieser Erde sein, aber es wird nicht Ihre letzte Stunde sein. Es wird weniger das Ende Ihres irdischen Lebens sein als vielmehr die Geburtsstunde Ihres ewigen Lebens. Der Verfasser des Hebräerbriefs geht darauf ein, wenn er schreibt: »Denn auf der Erde gibt es keine Stadt, in der wir bleiben können. Wir sind unterwegs in die Stadt, die kommen wird« (Hebräer 13,14; GN).

Im Vergleich zur Ewigkeit ist unsere Zeit auf dieser Erde nur ein Wimpernschlag, aber einer mit ewigen Folgen. Unser Handeln in diesem Leben bestimmt unser Schicksal im ewigen Leben. Wir sollten verstehen, dass »solange wir in diesem Körper leben, wir von unserem Herrn getrennt leben« (nach 2. Korinther 5,6; GN). Vor Jahren riet ein populärer Slogan, dass man jeden Tag leben solle, als sei er der »erste Tag vom Rest des Lebens«. Aber eigentlich ist es klüger, ihn so zu leben, als sei er der letzte Tag des Lebens. Der Bibelausleger Matthew Henry sagte dazu: »Es sollte der Sinn eines jeden Tages sein, uns auf unseren letzten Tag vorzubereiten.«

## DENKANSTÖSSE

### EIN GEDANKE ZUM MITNEHMEN

Es gibt mehr im Leben als das Hier und Jetzt.

### EIN VERS ZUM AUSWENDIGLERNEN

»Die Welt vergeht und mit ihr alle Lust und Gier. Wer aber tut, was Gott will, wird ewig leben.«
1. Johannes 2,17; Gute Nachricht

### EINE FRAGE ZUM NACHDENKEN

Wenn alles Handeln hier und heute Folgen für die Ewigkeit hat, womit sollte ich heute aufhören und was sollte ich heute zu tun beginnen?

### EINE PREDIGT ZUM ANHÖREN

www.purposedriven.com/day4

# DAS LEBEN AUS GOTTES PERSPEKTIVE BETRACHTEN

*»Was ist euer Leben?«*
Jakobus 4,14; Gute Nachricht

*»Wir sehen die Dinge nicht so, wie sie sind, sondern so, wie wir sind.«*
Anaïs Nin

purposedriven.com/day5

Die Art und Weise, wie Sie Ihr Leben betrachten, *formt* Ihr Leben.

Wie Sie Ihr Leben definieren, hat Folgen dafür, wie Sie Ihr Leben führen. Ihre Sicht des Lebens hat Einfluss darauf, wie Sie Ihre Zeit investieren, Ihr Geld ausgeben, Ihre Gaben einsetzen und mit Ihren Beziehungen umgehen.

Eine der besten Methoden, um Menschen wirklich kennenzulernen, besteht darin, sie zu fragen, wie sie sich und ihr Leben sehen. Sie werden entdecken, dass es auf diese Frage so viele Antworten wie Menschen gibt. Man hat mir erzählt, das Leben sei wie ein Zirkus, wie ein Minenfeld, wie eine Achterbahn, wie ein Puzzle, wie eine Symphonie, wie eine Reise oder wie ein Tanz. Andere Menschen haben mir erzählt, das Leben sei wie ein Karussell: »Manchmal ist man oben, manchmal ist man unten, und manchmal dreht man sich nur im Kreis.« Oder es heißt, das Leben sei wie ein Kartenspiel: »Man muss mit den Karten spielen, die man vom Schicksal bekommen hat.«

Welches Bild kommt Ihnen in den Sinn, wenn ich Sie danach frage, welches Bild Sie vom Leben haben? Dieses Bild ist Ihre *Lebensmetapher*. Dieses Bild beschreibt, wie Sie bewusst oder unbewusst Ihr Leben sehen, wie es Ihrer Ansicht nach funktioniert und was Sie davon erwarten. Menschen verleihen ihrer Lebensmetapher oft durch ihre Kleidung, durch Schmuck, durch Autos, Frisuren, Aufkleber und sogar durch Tätowierungen Ausdruck.

Ihre bewusste oder unbewusste Lebensmetapher bestimmt Ihr Leben mehr, als Sie sich das vielleicht vorstellen können. Sie bestimmt Ihre Werte, Ihre Erwartungen, Ihre Beziehungen, Ihre Ziele und Ihre Prioritäten. Wenn das Leben für Sie z. B. eine große Party ist, wird Ihr Hauptziel darin bestehen, in diesem Leben *möglichst viel Spaß* zu haben. Wenn das Leben für Sie wie ein Rennen ist, wird *Tempo* für Sie ein wichtiger Wert sein, und Sie werden den Großteil Ihres Lebens in großer Hektik verbringen. Wenn das Leben für Sie wie ein Marathon ist, wird

*Ausdauer* für Sie ein wichtiger Wert sein. Wenn das Leben für Sie wie ein Wettkampf oder ein Spiel ist, wird es Ihnen darum gehen, möglichst immer zu *gewinnen*.

Welches Bild haben Sie vom Leben? Vielleicht bauen Sie ja Ihr Leben auf einer falschen Lebensmetapher auf. Wenn Sie Gottes Ziel für Ihr Leben erreichen wollen, müssen Sie herkömmliche menschliche Weisheit hinterfragen und durch biblische Lebensbilder ersetzen. In der Bibel heißt es dazu: »Passt euch nicht den Maßstäben dieser Welt an. Lasst euch vielmehr von Gott umwandeln, damit euer ganzes Denken erneuert wird. Dann könnt ihr euch ein sicheres Urteil bilden, welches Verhalten dem Willen Gottes entspricht und wisst in jedem einzelnen Fall, was gut und gottgefällig und vollkommen ist« (Römer 12,2; GN).

In der Bibel finden Sie drei Bilder bzw. Metaphern, die Gottes Sicht des Lebens verdeutlichen: Das Leben ist eine *Herausforderung*, eine *Leihgabe* und eine *zeitlich begrenzte Aufgabe*. Diese Begriffe bilden die Grundlage eines sinn- und zielorientierten Lebens. Wir werden uns die ersten beiden in diesem Kapitel anschauen, den dritten im nächsten Kapitel.

Das Leben aus Gottes Perspektive sehen.

**1. Das Leben ist eine Herausforderung.** Dieses Bild taucht durch die ganze Bibel hindurch in vielen Geschichten auf. Gott lässt immer wieder zu, dass der Charakter, der Glauben, der Gehorsam, die Liebe, die Integrität und Loyalität seines Volkes auf die Probe gestellt werden. Worte wie »Versuchung«, »Bewährungsprobe«, »Reinigung« und »prüfen« kommen über 200-mal in der Bibel vor. Gott forderte z. B. Abraham heraus und stellte seinen Glauben auf die Probe, als er von ihm verlangte, seinen Sohn Isaak zu opfern. Gott prüfte Jakob, als er diesen weitere sieben Jahre arbeiten ließ, damit er sich Rahel als Ehefrau verdienen konnte.

Adam und Eva scheiterten an ihrer Bewährungsprobe im Garten Eden und auch David meisterte die Herausforderungen seines Lebens bei Weitem nicht alle. Aber es finden sich in der Bibel auch viele Beispiele von Menschen, die große Herausforderungen bestanden, wie beispielsweise Josef, Ruth, Esther und Daniel.

Charakter entwickelt und zeigt sich in Situationen, die herausfordern, und *das ganze Leben* ist eine einzige Herausforderung. Sie werden *ständig* auf die Probe gestellt. Gott beobachtet Sie liebevoll dabei, wie Sie auf Menschen, Probleme, Erfolg und Misserfolg, Konflikte, Krankheit, Enttäuschungen und sogar auf das Wetter reagieren. Er achtet sogar auf Kleinigkeiten – wenn Sie jemandem die Tür öffnen,

Abfall von der Straße aufheben oder zu einer Bedienung höflich sind.

Ich kenne nicht alle Herausforderungen, die Sie werden bestehen müssen, aber wenn wir einen Blick in die Bibel werfen, dann sehen wir dort, dass einige sich vorhersagen lassen: Sie werden durch größere Veränderungen, durch nicht eingehaltene Versprechen, durch unüberwindlich scheinende Probleme, unbeantwortete Gebete, ungerechtfertigte Kritik und manchmal auch durch sinnlose Tragödien auf die Probe gestellt werden. In meinem eigenen Leben habe ich bemerkt, dass Gott meinen *Glauben* durch Probleme, meine *Hoffnung* durch meinen Umgang mit Besitz und meine *Liebe* durch Menschen herausfordert.

Eine der schwierigsten Bewährungsproben besteht darin, wie Sie reagieren, wenn Sie Gottes Gegenwart nicht *fühlen* können. Manchmal zieht Gott sich bewusst zurück, und wir können seine Nähe nicht spüren. König Hiskia hat dies selbst einmal erfahren: »Gott ließ Hiskia tun, was er für richtig hielt. Er wollte prüfen, wie es in seinem Herzen aussah« (2. Chronik 32,31; Hfa). Hiskia hatte lange Zeit eine enge Beziehung zu Gott, aber an einem entscheidenden Punkt ließ Gott ihn allein, um seinen Charakter auf die Probe zu stellen, um eine Schwäche

> Charakter entwickelt und zeigt sich in Situationen, die herausfordern, und das ganze Leben ist eine einzige Herausforderung.

zu offenbaren und um ihn auf mehr Verantwortung vorzubereiten.

Wenn Sie verstehen, dass es im Leben darum geht, sich zu bewähren, dann wird Ihnen bewusst, dass *nichts* in Ihrem Leben unbedeutend ist. Auch die kleinsten Dinge sind dann für Ihre Charakterentwicklung entscheidend. *Jeder* Tag ist ein wichtiger Tag, und jede Sekunde birgt die Chance, Ihren Charakter zu festigen, Liebe zu üben und in der Abhängigkeit von Gott zu wachsen. Manche Herausforderungen scheinen überwältigend zu sein, während Sie andere nicht einmal wahrnehmen. Aber alle haben Auswirkungen auf Ihr Leben in der Ewigkeit.

Die gute Nachricht lautet, dass es Gottes erklärtes Ziel ist, dass Sie die Herausforderungen Ihres Lebens bestehen. Er wird Sie niemals vor Aufgaben stellen, die die Kraft übersteigen, die er Ihnen schenkt. Paulus bestätigt dies in seinem ersten Brief an die Korinther: »Das, was eurem Glauben bisher an Prüfungen zugemutet wurde, überstieg nicht eure Kraft. Gott steht zu euch. […] Wenn euer Glaube auf die Probe gestellt wird, dann schafft Gott auch die Möglichkeiten, sie zu bestehen« (1. Korinther 10,13; Hfa).

Jedes Mal, wenn Sie sich einer Herausforderung stellen, wird das Einfluss auf Ihr Leben hier und auf die Ewigkeit haben. Jakobus schreibt: »Glücklich ist der zu nennen, der die Bewährungsproben besteht und im Glauben fest bleibt. Gott wird ihn mit dem Siegeskranz, dem ewigen Leben, krönen« (Jakobus 1,12; Hfa).

**2. Das Leben ist eine Leihgabe.** Dies ist die zweite biblische Metapher für das Leben. Unsere Zeit hier auf der Erde, unsere Energie, unsere Intelligenz, unsere Möglichkeiten, unsere Beziehungen und alles, was uns hier auf der Erde unser Leben ermöglicht, sind Gaben Gottes, die er unserer Fürsorge und Verwaltung anvertraut hat. Wir sind Verwalter von Gottes Gaben. Dahinter steht der Gedanke, dass alles und jeder auf dieser Erde Gott gehört: »Dem Herrn gehört die ganze Welt und alles, was auf ihr lebt« (Psalm 24,1; Hfa).

Wir *besitzen* während unserer kurzen Zeit auf der Erde die Dinge, die wir haben, nicht wirklich. Gott *leiht* uns die Erde, während wir auf ihr leben. Sie war Gottes Eigentum, bevor Sie hier ankamen, und nach Ihrem Tod wird er sie jemand anderem leihen. Sie dürfen sie nur eine Weile lang genießen.

Als Gott Adam und Eva erschuf, vertraute er ihnen seine Schöpfung an und setzte sie als Verwalter über sein Eigentum ein. Er segnete sie und sagte: »Seid fruchtbar und mehret euch! Füllt die ganze Erde und nehmt sie in Besitz. Ich setze euch über die Fische im Meer, die Vögel in der Luft und alle Tiere, die auf der Erde leben und vertraue sie eurer Fürsorge an« (1. Mose 1,28; GN).

Die erste Aufgabe, die Gott den Menschen gab, bestand darin, seine Welt zu verwalten und für sie zu sorgen. Und diese Aufgabe wurde niemals zurückgenommen. Sie ist auch heute Teil unseres Sinn und Ziels. Alles, was wir haben, sollen wir wie eine *Leihgabe* Gottes behandeln. Darauf weist Paulus hin, wenn er schreibt: »Wer gibt dir das Recht, dir etwas einzubilden? Kommt nicht alles, was du hast, von Gott? Wie kannst du dann damit angeben, als hättest du es von dir selbst« (1. Korinther 4,7; GN)?

Vor einigen Jahren wurden meine Frau und ich von einem Ehepaar eingeladen, Urlaub in ihrem Haus auf Hawaii zu machen, das sich direkt am Strand befand. Das war etwas, das wir uns selbst nie hätten leisten können und deshalb entsprechend genossen. Man sagte uns: »Nutzt das Haus, als wäre es eures!«, und genau das taten wir auch. Wir schwammen im Swimmingpool, aßen das Essen im Kühlschrank, benutzten die Handtücher und das Geschirr und hüpften sogar vor Freude auf den Betten herum. Aber die ganze Zeit wussten wir, dass es nicht *wirklich* unser Haus war. Deshalb waren wir mit allem besonders vorsichtig. Wir nutzten die Vorteile des Hauses, obwohl es uns nicht gehörte.

> Je mehr Gott Ihnen gegeben hat, desto mehr Verantwortung erwartet er von Ihnen.

In unserer Kultur ist es normalerweise so, dass wir uns um das, was uns nicht gehört, auch nicht besonders kümmern. Aber Christen leben mit einer anderen Prämisse: »Weil es Gott gehört, verdient es meine besondere Fürsorge und Sorgfalt.« In der Bibel heißt es: »Von den Verwaltern wird verlangt, dass sie zuverlässig sind« (1. Korinther 4,2; GN). Jesus hat das Leben immer wieder als Leihgabe bezeichnet und viele Geschichten erzählt, um diese Verantwortung gegenüber Gott zu verdeutlichen. In der Geschichte von den anvertrauten Pfunden[6] übergibt ein Geschäftsmann seinen Mitarbeitern sein Geld, während er selbst auf Reisen ist. Als er zurückkommt, entlohnt er jeden entsprechend seiner Verantwortung und Zuverlässigkeit. Der Besitzer sagt: »Du warst tüchtig und zuverlässig. In kleinen Dingen bist du treu gewesen, darum werde ich dir größere Aufgaben anvertrauen. Ich lade dich zu meinem Fest ein« (Matthäus 25,21; Hfa).

Am Ende Ihres Lebens auf dieser Erde wird Gott beurteilen, wie gut Sie mit dem umgegangen sind, was er Ihnen anvertraut hat. Das bedeutet, dass *alles*, was Sie tun – selbst einfache Alltagsdinge –, Auswirkungen auf die Ewigkeit hat. Wenn Sie alles als Leihgabe behandeln, verheißt Gott Ihnen eine dreifache Belohnung in der Ewigkeit. Erstens bekommen Sie Gottes *Anerkennung*. Er wird zu Ihnen sagen: »Du warst tüchtig und zuverlässig.« Zweitens bekommen Sie eine *Beförderung* und größere Verantwortung: »Ich werde dir größere Dinge anvertrauen.« Und schließlich werden Sie mit einer *Feier* belohnt: »Ich lade dich zu meinem Fest ein!«

Viele Menschen übersehen, dass gerade Geld sowohl eine Bewährungsprobe als auch eine Leihgabe Gottes darstellt. Gott gebraucht unsere Finanzen, damit wir lernen, ihm zu vertrauen. Für manche Menschen ist Geld sogar der ganz große Testfall. Und Gott erkennt durch die Art und Weise, wie wir mit Geld umgehen, wie zuverlässig wir sind. In der Bibel heißt es: »Wenn ihr also im Umgang mit dem leidigen Geld nicht zuverlässig seid, wird euch auch niemand das wirklich Wertvolle anvertrauen« (Lukas 16,11; GN).

Dies ist eine sehr wichtige Aussage. Gott sagt, dass es einen direkten Bezug zwischen meinem Umgang mit Geld und meinem geistlichen Leben gibt. Wie ich mit meinem Geld umgehe (»das leidige Geld«), bestimmt, wie viel geistlichen Segen (»das wirklich Wertvolle«) Gott mir anvertrauen kann. Lassen Sie mich offen fragen: Hält Ihr Umgang mit Geld Gott davon ab, mehr in Ihrem Leben zu tun? Kann er Ihnen geistlichen Segen anvertrauen?

Jesus sagte: »Wem viel gegeben ist, von dem wird man auch viel verlangen. Je mehr einem Menschen anvertraut ist, desto mehr wird von ihm gefordert werden« (Lukas 12,48; GN). Das Leben ist eine Bewährungsprobe und eine Leihgabe, und je mehr Gott Ihnen gegeben hat, desto mehr Verantwortungsbewusstsein erwartet er von Ihnen.

## DENKANSTÖSSE

### EIN GEDANKE ZUM MITNEHMEN

Unser Leben ist eine Bewährungsprobe und eine Leihgabe.

### EIN VERS ZUM AUSWENDIGLERNEN

»Wer in kleinen Dingen zuverlässig ist, der wird es auch in großen Dingen sein, und wer im Kleinen unzuverlässig ist, der ist es auch im Großen.«
Lukas 16,10; Gute Nachricht

### EINE FRAGE ZUM NACHDENKEN

Was habe ich in der letzten Zeit erlebt, das ich im Nachhinein als Bewährungsprobe Gottes erkenne? Was sind die größten Leihgaben, die Gott mir anvertraut hat?

### EINE PREDIGT ZUM ANHÖREN

www.purposedriven.com/day5

# DAS LEBEN IST EINE ZEITLICH BEGRENZTE AUFGABE

*»Herr, lass mich erkennen, wie kurz mein Leben ist, wie viel Zeit ich noch habe und wie vergänglich ich doch bin.«*
Psalm 39,5; Hoffnung für alle

purposedriven.com/day6

*»Diese Welt wird nicht für immer meine Heimat sein!«*
Psalm 119,19; Hoffnung für alle

Das Leben ist eine zeitlich begrenzte Aufgabe.

Die Bibel ist voller Bilder, in denen es um den vorübergehenden, begrenzten Aspekt des Lebens geht. Das Leben wird beschrieben als *ein Windhauch, ein schneller Läufer, ein Atemzug oder wie der sich schnell verziehende Rauch*. In der Bibel heißt es: »Wir leben erst seit gestern und wissen nichts, wie ein Schatten verschwinden unsere Erdentage« (Hiob 8,9; GN).

Um das Beste aus unserem Leben zu machen, dürfen wir zwei Dinge nie vergessen: Zum einen ist das Leben verglichen mit der Ewigkeit extrem kurz. Und zum anderen ist die Erde nur ein vorübergehender Aufenthaltsort. Sie werden hier nicht allzu lange bleiben, also hängen Sie nicht zu sehr daran. Bitten Sie Gott, Ihnen dabei zu helfen, das Leben auf der Erde mit seinen Augen zu sehen. David betete: »Herr, lass mich erkennen, wie kurz mein Leben ist, wie viel Zeit ich noch habe und wie vergänglich ich doch bin« (Psalm 39,5; Hfa).

In der Bibel wird das Leben auf dieser Erde mit einem Aufenthalt in einem fremden Land verglichen. Die Erde ist nicht unser endgültiges Zuhause, wir sind für etwas viel Besseres geschaffen. Sie sind auf der Durchreise, nur Besucher – nur für eine kurze Zeit auf dieser Erde. Der Psalmist sagte: »Diese Welt wird nicht für immer meine Heimat sein« (Psalm 119,19; Hfa). Petrus schrieb: »Führt darum, solange ihr noch hier in der Fremde seid, ein Leben, mit dem ihr vor ihm bestehen könnt« (1. Petrus 1,17; GN).

In meiner Heimat Kalifornien leben viele Menschen, die aus allen Teilen dieser Welt kommen, um hier zu arbeiten, aber Bürger ihres Heimatlandes bleiben. Sie müssen ihre Arbeits- und Aufenthaltsgenehmigung – die sogenannte *Green Card* – immer bei sich tragen. Christen sollten eigentlich eine *geistliche Green Card* haben, die sie immer wieder daran erinnert, dass sie nicht Bürger dieser Welt, sondern Bürger der himmlischen Welt sind. Gott sagt, dass Christen anders über das Leben auf dieser Erde denken sollen als Menschen, die nicht an ihn glauben: Sie dienen nicht Gott, sondern ihren rein menschlich-irdischen Neigungen. »Statt der Herrlichkeit bei Gott warten auf sie Spott und Schande. [...] Wir dagegen haben schon jetzt Bürgerrecht im Himmel bei Gott. Von dort her erwarten wir auch unseren Retter, Jesus Christus unseren Herrn« (Philipper 3,19–20; GN). Christen glauben daran, dass es im Leben um viel mehr geht als um die wenigen Jahre hier auf diesem Planeten.

Ihre Identität wird aus der Perspektive der Ewigkeit bestimmt und Ihre Heimat ist der Himmel. Wenn Sie diese Tatsache verstehen, machen Sie sich nicht länger darüber Sorgen, ob Sie auf dieser Erde von allem genug »abkriegen«. Gott spricht sehr offen über die Gefahren, die es mit sich bringt, wenn wir nur für das Hier und Jetzt leben und die Werte, Prioritäten und den Lebensstil unserer Umwelt übernehmen. Gott nennt dieses Spielen mit den Versuchungen der Welt »geistlichen Ehebruch«. In der Bibel heißt es: »Eure Liebe gehört nicht Gott, ihr handelt an ihm wie Ehebrecher! Wisst ihr denn nicht: Freundschaft mit dieser Welt bedeutet Feindschaft mit Gott« (Jakobus 4,4; GN).

Ihre Identität wird aus der Perspektive der Ewigkeit bestimmt, und Ihre Heimat ist der Himmel.

Stellen Sie sich einmal vor, Ihr Heimatland bittet Sie, Botschafter in einer fremden Nation zu werden. Sie müssten vermutlich eine neue Sprache lernen und auch einige kulturelle Besonderheiten und Umgangsformen übernehmen, um höflich zu sein und Ihren Auftrag erfolgreich erfüllen zu können. Als Botschafter könnten Sie sich nicht von diesem Land absondern. Um die Aufgabe zu erfüllen, müssten Sie Beziehungen aufbauen und Kontakte pflegen.

Aber stellen Sie sich jetzt einmal vor, dass Sie anfangen, sich in diesem Land wirklich wohlzufühlen. Sie beginnen, dieses Land zu lieben, ja, es sogar Ihrem eigenen vorzuziehen. Ihre Loyalität würde sich wandeln. Sie würden Ihre Rolle als Botschafter kompromittieren, und statt Ihr Land angemessen zu vertreten, würden Sie anfangen, wie der Feind zu handeln. Sie wären ein Verräter.

Die Bibel weist uns auf unsere Aufgabe hin: »Wir sind Botschafter an Christi statt« (2. Korinther 5,20; LÜ). Traurigerweise haben viele Christen ihren König und ihre Heimat verraten. Sie haben aus der Tatsache, dass sie auf dieser Erde leben, den falschen Schluss gezogen, dass hier auch ihre Heimat ist. Aber sie ist es nicht. Die Bibel äußert sich da ganz unmissverständlich: »Ihr wisst, dass ihr in dieser Welt Fremde seid, nur auf der Durchreise. Deshalb bitte ich euch eindringlich: Gebt den Wünschen und Verlockungen dieser Welt nicht nach, die euren Glauben gefährden« (1. Petrus 2,11; Hfa). Gott warnt uns davor, uns zu sehr in dieser Welt einzurichten, weil alles nur von vorübergehender Dauer ist: »Verliert euch nicht an diese Welt, auch wenn ihr in ihr lebt. Denn diese Welt, mit allem was wir haben, wird bald vergehen« (1. Korinther 7,31; Hfa).

Im Vergleich zu früheren Jahrhunderten ist das Leben für die meisten Menschen in der westlichen Welt äußerst angenehm und leicht geworden. Wir werden bedient, wir werden unterhalten, und alles ist auf unser Wohlergehen ausgerichtet. Dank all der Attraktionen, dank der Unterhaltungsindustrie und der permanenten multimedialen Berieselung fällt es leicht, zu vergessen, dass es in unserem Leben nicht darum geht, möglichst viel Spaß zu haben. Nur wenn wir daran denken, dass das Leben eine Bewährungsprobe, eine Leihgabe und eine zeitlich begrenzte Aufgabe ist, werden diese Dinge einen Teil ihres Reizes verlieren. Wir bereiten uns auf etwas viel Besseres vor. »Das, was wir jetzt sehen, besteht nur eine gewisse Zeit. Das Unsichtbare aber bleibt ewig bestehen« (2. Korinther 4,18; GN).

Das Leben ist eine zeitlich begrenzte Aufgabe.

Die Tatsache, dass diese Erde nicht unser endgültiges Zuhause ist, erklärt, warum Menschen, die versuchen, Jesus nachzufolgen, in dieser Welt Schwierigkeiten, Leid und Ablehnung erleben.[7] Sie erklärt auch, warum einige Versprechen Gottes scheinbar nicht erfüllt und einige Gebete vermeintlich nicht erhört werden und warum uns manche Umstände einfach unfair vorkommen. Aber dies ist nicht das Ende der Geschichte.

»Meine Seele ist unruhig, bis sie Ruhe findet Gott in dir«, schrieb schon der Kirchenvater Augustinus. Unsere Sehnsüchte werden auf dieser Erde *niemals* ganz erfüllt werden. Wir sind auf dieser Erde nicht hundertprozentig zufrieden, weil wir das auch gar nicht sein sollen. Die Erde ist nicht unser endgültiges Zuhause, wir wurden für etwas viel Besseres geschaffen.

Ein Fisch wird an Land niemals wirklich glücklich werden, weil er für ein Leben im Wasser geschaffen wurde. Ein Adler wird niemals glücklich werden, wenn er nicht fliegen kann. Sie werden auf dieser Erde nie wirklich glücklich sein, weil Sie für *mehr* geschaffen wurden. Sie werden hier sicher so manchen glücklichen Moment erleben, aber das ist nichts im Vergleich zu dem, was Gott für Sie bereithält.

> Diese Erde ist nicht unser endgültiges Zuhause, wir wurden für etwas viel Besseres geschaffen.

Wenn Sie verstehen, dass unser Leben hier auf der Erde nur ein vorübergehender Einsatz ist, sollte dies

Ihre Werte grundlegend verändern. Ewige Maßstäbe, nicht irdische Maßstäbe, sollten die ausschlaggebenden Faktoren für Ihre Entscheidungen werden. Wie C. S. Lewis feststellte: »Alles, was nicht ewig ist, ist in der Ewigkeit wertlos.« Das meint auch Paulus, wenn er schreibt: »Ich baue nicht auf das Sichtbare, sondern auf das, was jetzt noch niemand sehen kann. Denn was wir jetzt sehen, besteht nur für eine gewisse Zeit« (2. Korinther 4,18; GN).

Es ist ein fataler Irrtum anzunehmen, dass Gottes Ziel für uns Wohlstand oder Erfolg im weltlichen Sinn ist. Das Leben im Überfluss, das Gott uns verspricht, hat nichts mit *materiellem* Überfluss zu tun, und Treue zu Gott garantiert keine beruflichen Erfolge – nicht einmal im kirchlichen Dienst. Streben Sie also keinen weltlichen Ruhm an.[8]

Paulus war treu und das brachte ihn ins Gefängnis. Johannes der Täufer folgte seinem Herrn und wurde dafür geköpft. Millionen von treu glaubenden Menschen starben als Märtyrer, verloren alles oder hatten am Ende ihres Lebens nichts vorzuweisen. *Aber das Ende dieses Lebens ist nicht das Ende!*

In Gottes Augen sind die größten Glaubenshelden nicht jene, die Reichtum erlangt, Erfolg gehabt und viel geleistet haben. Es sind jene, die dieses Leben als zeitlich begrenzte Aufgabe leben, treu dienen und erwarten, dass sie ihren Lohn erst im Himmel erhalten. Die Bibel sagt über Gottes Helden Folgendes:

»In solchem Vertrauen sind sie alle gestorben, Abraham, Isaak und Jakob. Sie haben zu Lebzeiten nicht bekommen, was Gott ihnen versprochen hatte. Doch sie sahen es aus der Ferne und freuten sich darauf. Sie bekannten sich offen dazu, dass sie Gäste und Fremde auf der Erde waren. [...] Sie sehnten sich nach einer besseren Heimat, nach der himmlischen, und deshalb schämte Gott sich auch nicht, ihr Gott – der Gott Abrahams, Isaaks und Jakobs – zu heißen. Er hatte ja auch schon eine Stadt für sie gebaut« (Hebräer 11,13.16; GN). Die Zeit, die Sie auf dieser Erde verbringen, ist nicht Ihre ganze Geschichte. Sie müssen auf den Himmel warten; er schreibt den zweiten Teil Ihrer Geschichte. Sie brauchen Glauben, um auf dieser Erde als Fremder zu leben.

Es gibt eine alte Geschichte über einen Missionar, der sich während der Rückkehr nach Hause zufällig auf dem gleichen Schiff befindet wie der amerikanische Präsident. Als sie in den Hafen einlaufen, wird der Präsident von jubelnden Massen, einem roten Teppich, einer Kapelle, wehenden Fahnen und der versammelten Presse willkommen geheißen. Der Missionar dagegen geht völlig unbeachtet von Bord. Voller Selbstmitleid beklagt er sich bei Gott darüber. Da erinnert Gott ihn liebevoll: »Du bist noch nicht zu Hause, mein Kind!«

Sie werden noch nicht einmal zwei Sekunden im Himmel sein, wenn Sie sich auch schon fragen:

*Warum habe ich nur so viel Wert auf das Vergängliche gelegt? Was habe ich mir eigentlich dabei gedacht? Warum habe ich so viel in Dinge investiert, die keine Bedeutung für die Ewigkeit haben?*

Wenn das Leben hart ist, wenn Ihnen alles zu viel wird, wenn Zweifel Sie zu überwältigen drohen oder wenn Sie sich fragen, ob das Leben mit Gott es wert ist, dafür so viel aufzugeben, dann denken Sie daran, dass Sie noch nicht zu Hause sind. Wenn Sie sterben, werden Sie nicht Ihr Zuhause verlassen, Sie werden vielmehr *nach Hause gehen.*

## DENKANSTÖSSE

### EIN GEDANKE ZUM MITNEHMEN

Diese Welt ist nicht mein Zuhause.

### EIN VERS ZUM AUSWENDIGLERNEN

»Ich baue nicht auf das Sichtbare, sondern auf das, was jetzt noch niemand sehen kann. Denn was wir jetzt sehen, besteht nur eine gewisse Zeit. Das Unsichtbare aber bleibt ewig bestehen.«

2. Korinther 4,18; Gute Nachricht

### EINE FRAGE ZUM NACHDENKEN

Wie sollte die Tatsache, dass das Leben auf dieser Erde nur eine zeitlich begrenzte Aufgabe ist, heute mein Leben verändern?

### EINE PREDIGT ZUM ANHÖREN

www.purposedriven.com/day6

# DER GRUND FÜR ALLES

*»Von Gott kommt alles, durch Gott lebt alles, zu Gott geht alles. Ihm gehört die Herrlichkeit für immer und ewig. Amen.«*
Römer 11,36; Gute Nachricht

purposedriven.com/day7

*»Alles hat der Herr zu seinem Zweck gemacht.«*
Sprichwörter 16,4; Elberfelder Bibel

Es dreht sich alles um ihn.

Das höchste Ziel dieses Universums besteht darin, die Herrlichkeit Gottes zu offenbaren. Das ist der Grund für alles, was es gibt, und das schließt Sie ein. Gott hat *alles* zu seiner Ehre erschaffen. Ohne Gottes Herrlichkeit wäre nichts.

Was ist die Herrlichkeit Gottes? Sie ist, wer Gott ist. Sie ist der Kern seines Wesens, das Ausmaß seiner Bedeutung, das Strahlen seines Glanzes, die Demonstration seiner Macht, die Atmosphäre seiner Gegenwart. Gottes Herrlichkeit ist der Ausdruck seiner Güte und aller seiner ewigen Eigenschaften.

Wo ist die Herrlichkeit Gottes? Sehen Sie sich einfach einmal um. *Alles,* was Gott geschaffen hat, spiegelt seine Herrlichkeit wider. Wir können sie in jedem Teil der Schöpfung sehen, von den mikroskopischsten Lebensformen bis hin zur riesigen Milchstraße. Von den Sonnenuntergängen und den Sternen bis hin zu den Stürmen und Jahreszeiten. Die Schöpfung offenbart die Herrlichkeit des Schöpfers. An der Natur können wir erkennen, dass Gott mächtig ist, dass er Vielfalt und Schönheit liebt, dass er ein Gott der Ordnung, weise und kreativ ist. In der Bibel heißt es dazu: »Der Himmel verkündet Gottes Größe und Hoheit« (Psalm 19,2; Hfa).

Im Verlauf der Geschichte hat Gott den Menschen seine Herrlichkeit auf unterschiedliche Art und Weise und an unterschiedlichen Orten gezeigt. Zuerst tat er es im Garten Eden, dann zeigte er sie Mose, später im Heiligtum des Tempels, dann durch Jesus, und heute zeigt er sie durch die Gemeinde.[9] Die Herrlichkeit erscheint uns in Form eines Feuers, einer Wolke, als Donner und Rauch und als ein gleißendes Licht.[10] Der Himmel wird allein durch Gottes Herrlichkeit ausgeleuchtet: »Die Stadt braucht als Lichtquelle weder Sonne noch Mond. Denn in ihr leuchtet die Herrlichkeit Gottes und das Licht des Lammes« (Offenbarung 21,23; Hfa).

> Wenn Sie Ihr Leben zur Ehre Gottes führen, ist das das Größte, was Sie mit Ihrem Leben erreichen können.

Gottes Herrlichkeit können wir am besten in Jesus Christus sehen. Er ist das Licht der Welt, er zeigt Gottes Wesen. Durch das Kommen Jesu sind wir nicht länger im Unklaren darüber, wie Gott ist: »Im Sohn zeigt sich die göttliche Herrlichkeit des Vaters, denn er ist ganz und gar Gottes Ebenbild« (Hebräer 1,3; Hfa). Jesus kam auf diese Erde, damit wir Gottes Größe und Herrlichkeit in ihrer ganzen Fülle verstehen können: »Gottes Sohn wurde Mensch und lebte unter uns Menschen. Wir selbst haben seine göttliche Herrlichkeit gesehen. [...] In Christus sind Gottes Barmherzigkeit und Liebe wirklich zu uns gekommen« (Johannes 1,14; Hfa).

Gottes Herrlichkeit ist *in* ihm, weil er Gott ist. Es liegt in seinem Wesen. Wir können zu seiner Herrlichkeit so wenig hinzufügen, wie wir die Sonne veranlassen können, heller zu scheinen. Aber wir sollen seine Herrlichkeit anerkennen, sie ehren, sie verkünden, sie preisen, sie widerspiegeln und vor allem zu seiner Ehre leben.[11] Warum? Weil Gott es verdient! Wir schulden ihm alle Ehre, die wir ihm nur geben können. Weil Gott alles erschaffen hat, gebührt ihm auch alle Ehre: »Du bist würdig, unser Herr und Gott, die Herrlichkeit und die Ehre und die Macht zu nehmen, denn du hast alle Dinge erschaffen« (Offenbarung 4,11; ELB).

Im ganzen Universum gibt es nur zwei Geschöpfe Gottes, die Gott nicht die Ehre geben: die gefallenen Engel und wir Menschen. Sünde ist im Wesentlichen die Weigerung, Gott die Ehre zu geben, und irgendetwas oder irgendjemanden mehr zu lieben als Gott selbst. Die Weigerung, Gott die Ehre zu geben, ist hochmütige Rebellion, und genau diese Sünde hat den Teufel zu Fall gebracht– und auch uns. Auf unterschiedlichste Weise haben wir alle für unsere eigene Ehre gelebt statt zur Ehre Gottes: »Alle sind Sünder geworden und haben nichts aufzuweisen, was Gott gefallen könnte« (Römer 3,23; Hfa).

Keiner von uns hat Gott die Ehre gegeben, die er verdient. Dies ist die schwerwiegendste Sünde und der größte Fehler, den wir im Leben begehen können. Auf der anderen Seite ist es das Größte, was wir mit unserem Leben erreichen können, wenn wir es zur Ehre Gottes führen.

Gott sagt: »Ich habe sie zu meiner Ehre geschaffen, ja, ich habe sie gemacht« (Jesaja 43,7; Hfa). Deshalb sollte dies auch das höchste Ziel in unserem Leben sein.

## WIE KÖNNEN WIR GOTT DIE EHRE GEBEN?

Jesus sagte zu seinem Vater: »Ich habe deine Herrlichkeit auf der Erde sichtbar gemacht, denn ich habe die Aufgabe erfüllt, die du mir übertragen hast«

(Johannes 17,4; GN). Er gab Gott die Ehre, indem er seine Aufgabe hier auf der Erde erfüllte. Wir geben Gott auf die gleiche Art und Weise die Ehre. Wenn irgendetwas in der Schöpfung seinen Auftrag erfüllt, dann wird Gott dadurch geehrt. Die Vögel geben Gott dadurch die Ehre, dass sie fliegen, Nester bauen und andere Dinge tun, für die Gott sie erschaffen hat. Jede Ameise bringt Gott die Ehre, wenn sie die Aufgabe erfüllt, für die sie erschaffen wurde. Gott hat die Ameise erschaffen, um Ameise zu sein, und er hat Sie erschaffen, damit Sie Sie selbst sind. Der heilige Irenäus brachte dies treffend auf den Punkt: »Die Ehre Gottes ist der lebendige Mensch.«

Es gibt viele Möglichkeiten, Gott die Ehre zu geben, aber sie lassen sich in den fünf Lebensaufträgen zusammenfassen, die Gott uns für unser Leben gibt. Wir werden uns in den weiteren Kapiteln dieses Buches näher damit beschäftigen, deshalb hier nur ein kurzer Überblick:

Wenn irgendetwas in der Schöpfung seinen Auftrag erfüllt, dann wird Gott dadurch geehrt.

**1. Wir ehren Gott, wenn wir ihn anbeten.** Anbetung ist unsere vornehmste Aufgabe gegenüber Gott. Wir ehren Gott, wenn wir uns an ihm erfreuen. C. S. Lewis sagte: »Wenn Gott uns auffordert, ihn zu ehren, dann lädt er uns ein, uns an ihm zu erfreuen.«

Gott will, dass wir ihn aus Liebe, Dankbarkeit und Freude anbeten und nicht aus einem Pflichtgefühl heraus.

Anbetung ist viel mehr als Loben, Singen und Beten. Anbetung ist ein Lebensstil, der sich dadurch auszeichnet, dass wir Gott *lieben*, uns an ihm *erfreuen* und uns ihm und seinem Auftrag an uns *hingeben*. Wenn Sie Ihr Leben zur Ehre Gottes leben, dann kann alles, was Sie tun, eine Form der Anbetung sein. Das meint Paulus, wenn er schreibt: »Dient vielmehr Gott mit allem, was ihr habt und seid« (Römer 6,13; Hfa).

**2. Wir ehren Gott, wenn wir die Menschen lieben, die Teil von Gottes Familie sind.** Wenn Sie Ihr Leben Gott anvertrauen, werden Sie auch ein Teil von Gottes Familie. Bei dem Leben, das Gott für Sie geplant hat, geht es um mehr als nur darum, etwas zu glauben; es beinhaltet auch, Teil von Gottes Familie zu sein und zu lernen, diese Familie zu lieben. Johannes schrieb: »Wir wissen, dass wir den Tod hinter uns gelassen und das unvergängliche Leben erreicht haben. Wir erkennen es daran, dass wir unsere Brüder lieben« (1. Johannes 3,14; GN). Und Paulus sagte: »Nehmt euch gegenseitig an, so wie Christus euch angenommen hat. Das dient zum Ruhm und zur Ehre Gottes« (Römer 15,7; GN).

Der Grund für alles.

Es liegt in Ihrer Verantwortung, so lieben zu lernen, wie Gott liebt, weil Gott Liebe ist und Sie ihm dadurch Ehre geben. Jesus sagte: »Ihr sollt einander lieben, so wie ich euch geliebt habe. An eurer Liebe füreinander wird die Welt erkennen, dass ihr meine Jünger seid« (Johannes 13,34–35; Hfa).

**3. Wir ehren Gott, indem wir Jesus Christus ähnlich werden.** Nachdem wir in die Familie Gottes »adoptiert« wurden, sollen wir nun auch geistlich wachsen. Wie funktioniert das? Geistlich zu wachsen heißt, im Denken, Handeln, Fühlen und Reden Christus ähnlich zu werden.

Je ähnlicher Ihr Charakter Christus wird, desto mehr werden Sie Gott ehren. Darauf spielt Paulus an, wenn er in seinem Brief an die Gemeinde in Korinth schreibt: »Wir werden selbst in das Spiegelbild Christi verwandelt und bekommen mehr und mehr Anteil an der göttlichen Herrlichkeit. Das bewirkt der Herr durch seinen Geist« (2. Korinther 3,18; GN).

Gott hat Ihnen ein neues Leben und ein neues Wesen gegeben, als Sie Jesus Christus als Herrn und Erlöser angenommen haben. Für den Rest Ihres Lebens auf der Erde möchte Gott jetzt an Ihnen arbeiten und Ihren Charakter verändern. In der Bibel heißt es dazu: »Alles Gute, was Christus in einem von Schuld befreiten Leben schafft, wird dann bei euch zu finden sein. Und das alles zu Gottes Ehre und zu seinem Lob« (Philipper 1,11; Hfa).

**4. Wir ehren Gott, indem wir ihm und anderen dienen.** Auch das ist eine Bewährungsprobe für die Ewigkeit. Im Himmel werden wir Gott mit Freuden dienen, und daher hat er Sie auf diese Erde gestellt, damit Sie es dort schon einmal üben können. Der einzige Weg, wie Sie hier Gott (den Sie ja nicht sehen können) dienen können, besteht darin, anderen (die Sie sehen können) zu dienen. Aus diesem Grund hat Gott Ihnen auch bestimmte Talente gegeben.

Jeder von uns hat von Gott eine einmalige Zusammenstellung von Gaben, Talenten, Fähigkeiten und Fertigkeiten bekommen. Wie Sie »gestrickt sind« und was Sie können, ist kein Zufall. Gott gab Ihnen Ihre Gaben und Fähigkeiten jedoch nicht für die Verwirklichung Ihrer eigenen Interessen. Er gab sie Ihnen, damit Sie anderen damit dienen können. Ebenso sollen die Gaben anderer Menschen Ihnen dienen: »Dient einander mit den Fähigkeiten, die Gott euch geschenkt hat – jeder und jede mit der eigenen, besonderen Gabe! Dann seid ihr gute Verwalter der vielfältigen Gnade Gottes. [...] Alles, was ihr tut, soll durch Jesus Christus zur Ehre Gottes geschehen« (1. Petrus 4,10–11; GN).[12]

**5. Wir ehren Gott, indem wir anderen von ihm erzählen.** Gott will nicht, dass seine Liebe und seine Absichten ein Geheimnis bleiben. Wenn wir seine Gute Nachricht kennengelernt haben, dann erwartet er von uns, dass wir sie an andere weitererzählen. Es ist ein großes Vorrecht, andere mit Christus bekannt zu machen, ihnen dabei zu helfen, den Sinn und das Ziel ihres Lebens zu finden, und sie auf die Ewigkeit vorzubereiten. Paulus macht dies deutlich, wenn er schreibt: »Denn je mehr Menschen für Christus gewonnen werden, umso mehr werden Gott danken und ihn über alles ehren« (2. Korinther 4,15; Hfa).

## WOFÜR WERDEN SIE LEBEN?

Wenn Sie sich dafür entscheiden, den Rest Ihres Lebens zur Ehre Gottes zu leben, wird das Folgen für Ihre Prioritäten, Ihren Terminkalender, Ihre Beziehungen und für alles andere haben. Manchmal wird es bedeuten, dass Sie den schweren und nicht den leichten Weg gehen. Sogar Jesus kämpfte an dieser Stelle mit sich. Im Angesicht des Todes sagte er zu seinem Vater: »Jetzt habe ich Angst. Soll ich deshalb beten: Vater, bewahre mich vor dem, was jetzt kommen wird? Nein, denn ich bin in die Welt gekommen, um diese Stunde zu durchleiden. Vater, dein Name soll gerühmt und geehrt werden« (Johannes 12,27–28; Hfa).

Jesus stand an einer Weggabelung: Würde er seinen Auftrag erfüllen und Gott ehren oder würde er davor zurückschrecken und sich für ein bequemes, ichbezogenes Leben entscheiden? Sie haben dieselbe Wahl: Wollen Sie für Ihre eigenen Ziele, Ihren gemütlichen Komfort, Ihre Zufriedenheit leben, oder wollen Sie zur Ehre Gottes leben und das im Blick behalten, was er seinen Kindern für die Ewigkeit verspricht? In der Bibel heißt es dazu: »Wer sein Leben über alles liebt, der wird es verlieren, wer aber bereit ist, sein Leben vorbehaltlos für Gott einzusetzen, wird es für alle Ewigkeit erhalten« (Johannes 12,25; Hfa).

Es ist nun Zeit, diese Frage zu klären. *Für wen* werden Sie Ihr Leben leben – für sich selbst oder für Gott? Vielleicht zögern Sie, weil Sie sich fragen, ob Sie es schaffen werden, für Gott zu leben. Machen Sie sich darüber keine Sorgen. Gott wird Ihnen das geben, was Sie brauchen, wenn Sie bereit sind, für ihn zu leben. Darauf weist Petrus in seinem zweiten Brief hin: »Alles, was wir brauchen, um ein Leben zu führen, wie es Gott gefällt, hat uns Christus geschenkt« (2. Petrus 1,3; Hfa).

Jesus wird Ihnen alles geben, was Sie brauchen, um für ihn zu leben.

Gott lädt Sie jetzt ein, für ihn und zu seiner Ehre zu leben, indem Sie seine Absichten für Ihr Leben verfolgen. Das ist letztlich die einzige Möglichkeit, um wirklich zu leben. Alles andere ist nur ein *Existieren*. Echtes Leben fängt damit an, dass Sie sich Jesus Christus ganz und gar hingeben. Wenn Sie sich nicht sicher sind, ob Sie das schon getan haben, müssen Sie nichts weiter tun, als zu *empfangen* und zu *glauben*: »Denen aber, die ihn aufnahmen, gab er die Macht, Gottes Kinder zu werden, denen, die an seinen Namen glauben« (Johannes 1,12; LÜ). Werden Sie seine Einladung annehmen?

Erstens: Glauben Sie! Glauben Sie Gott, dass er Sie liebt und dass er Sie mit einem Sinn und einem Ziel erschaffen hat. Glauben Sie Gott, dass Sie kein Produkt des Zufalls sind. Glauben Sie, dass Sie erschaffen wurden, um ewiges Leben zu haben. Glauben Sie, dass Gott Sie für eine Beziehung zu seinem Sohn Jesus Christus erschaffen hat, der für Sie am Kreuz gestorben ist. Vertrauen Sie darauf, dass Gott Ihnen vergeben will, egal, was Sie getan haben.

Zweitens: Empfangen Sie! Empfangen Sie Jesus Christus als Ihren Herrn und Erlöser. Empfangen Sie Vergebung für Ihre Sünden. Empfangen Sie seinen Heiligen Geist, der Ihnen die Kraft geben wird, Gottes Ziel für Ihr Leben zu erreichen. In der Bibel steht: »Wer sich an den Sohn hält, der hat das ewige Leben« (Johannes 3,36; GN). Egal, wo Sie diese Zeilen lesen: Ich lade Sie ein, das Gebet zu sprechen, das Ihre Ewigkeit verändern wird: »Jesus, ich glaube an dich und ich möchte, dass du Teil meines Lebens wirst.« Haben Sie den Mut.

Wenn Sie dieses Gebet ernsthaft gesprochen haben, herzlichen Glückwunsch! Herzlich willkommen in der Familie Gottes. Sie sind jetzt bereit, das Leben zu entdecken, das Gott für Sie bereithält, und anzufangen, nach seinen Zielen für Sie zu leben. Ich empfehle Ihnen, mit jemandem darüber zu sprechen, Sie werden Unterstützung brauchen.

## DENKANSTÖSSE

### EIN GEDANKE ZUM MITNEHMEN

Es dreht sich alles um Gott.

### EIN VERS ZUM AUSWENDIGLERNEN

»Denn von ihm und durch ihn und zu ihm sind alle Dinge. Ihm sei Ehre in Ewigkeit! Amen.«
Römer 11,36; Luther

### EINE FRAGE ZUM NACHDENKEN

Wie kann ich in meinem Alltag Gottes Herrlichkeit bewusster wahrnehmen?

### EINE PREDIGT ZUM ANHÖREN

www.purposedriven.com/day7

## ANGABEN ZU DEN VERWENDETEN BIBELÜBERSETZUNGEN

- *Luther*, revidierte Fassung von 1984, durchgesehene Ausgabe in neuer Rechtschreibung.  (LÜ)
- *Gute Nachricht*,  (GN)
- *Hoffnung für alle®*,  (Hfa)
- *Revidierte Elberfelder Bibel*,  (ELB)

Diese Bibelübersetzungen sind in unserem Sprachraum die am weitesten verbreiteten Übersetzungen. Zudem stellen sie unterschiedliche Übersetzungsansätze dar.

Die Luther-Bibel ist eine vorsichtige Weiterentwicklung der klassischen Luther-Übersetzung. Die »Gute Nachricht Bibel« ist der Versuch einer modernen und zeitgemäßen Übersetzung, die eine Gratwanderung zwischen dem modernen Sprach- und Weltempfinden (siehe besonders die inklusive – frauengerechte – Sprache) und einer wortgetreuen

Übersetzung versucht. Die »Hoffnung für alle« ist eine sehr moderne und leicht verständliche Übersetzung, die aber immer wieder mehr eine Übertragung als eine Übersetzung ist. Die Elberfelder Bibel bemüht sich um eine möglichst genaue Wiedergabe der Grundtexte und zeichnet sich durch Worttreue und Genauigkeit aus.

Bei der jeweiligen Wahl der Übersetzung wurde versucht, die Untertöne der englischen Zitate so zu berücksichtigen, dass diese von der deutschen Übersetzung wiedergegeben werden. Wo dies nicht möglich war, wurde die Übersetzung gewählt, die am besten in den Kontext passte.

# ANMERKUNGEN

1 Hugh S. Moorhead: *The Meaning of Life according to our Century's greatest Writers and Thinkers.* Chicago: Chicago Review Press, 1988
2 David Friend: *The Meaning of Life.* Boston: Little, Brown, 1991. S. 194
3 Michael Denton: *Nature's Destiny: How the Laws of Biology Reveal Purpose in the Univers.* New York 1998. S. 389
4 C. S. Lewis: »Die Chroniken von Narnia. Der letzte Kampf« (Band 7). Moers: Brendow Verlag, 1998. S. 159–160
5 Prediger 7,2
6 Matthäus 25,14–29
7 Johannes 16,20.33; 15,18–19
8 1. Petrus 2,11
9 1. Mose 3,8; 2. Mose 33,18–23; 40,33–38; 1. Könige 7,51; 8,10–13; Johannes 1,14; Epheser 2,21–22; 2. Korinther 4,6–7
10 2. Mose 24,17; 40,34; Psalm 29,1; Jesaja 6,3–4; 60,1; Lukas 2,9
11 1. Chronik 16,24; Psalm 29,1; 66,2; 96,7; 2. Korinther 3,18
12 2. Korinther 8,19b

# Eine Reise zum Sinn des Lebens

„Wenn Sie nur ein einziges Buch über den Sinn des Lebens lesen wollen, dann sollte es dieses ein! Es wird Ihr Leben verändern."

Lee Strobel, Autor von „Der Fall Jesus"

Dieses biblisch fundierte Buch wird Ihnen helfen, Gottes besondere Pläne für Ihr Leben zu entdecken. Rick Warren begleitet Sie durch eine 42-tägige geistliche Reise, die Ihre Antwort auf die wichtigste Frage des Lebens verändern wird: „Warum lebe ich eigentlich"? Die Erstausgabe dieses Buches avancierte zum weltweiten Bestseller und ist das meistverkaufte Sachbuch Nordamerikas.

GerthMedien

Rick Warren • Leben mit Vision
Gebunden • 416 Seiten • ISBN 978-3-86591-880-2

MIX
Papier | Fördert gute Waldnutzung
FSC® C014496
FSC www.fsc.org

»Wozu um alles in der Welt lebe ich?« ist ein Auszug aus
»Leben mit Vision«.
Wetzlar: Gerth Medien, 2003, 2014.

Originally published in the U.S.A. under the title:
»What on Earth am I here for?«


5. Auflage der überarbeiteten und erweiterten Ausgabe 2024
Bestell-Nr. 816983
ISBN 978-3-86591-983-0

Übersetzung: Rüdiger Kurz, Annette Schalk, Wolfgang Günter
Umschlagfoto: iStockphoto
Satz: Vornehm Mediengestaltung GmbH, München
Druck und Verarbeitung: GGP Media GmbH, Pößneck
Printed in Germany

www.gerth.de